DIREITO MATERIAL E PROCESSUAL DO TRABALHO
na perspectiva dos Direitos Humanos

CB064226

CARLOS HENRIQUE BEZERRA LEITE
VITOR SALINO

Coordenadores

DIREITO MATERIAL E PROCESSUAL DO TRABALHO
na perspectiva dos Direitos Humanos

EDITORA LTDA.

© Todos os direitos reservados

Rua Jaguaribe, 571
CEP 01224-001
São Paulo, SP – Brasil
Fone: (11) 2167-1101
www.ltr.com.br
LTr 4943.6
Janeiro, 2014

Dados Internacionais de Catalogação na Publicação (CIP)
(Câmara Brasileira do Livro, SP, Brasil)

Direito material e processual do trabalho na perspectiva dos direitos
 humanos / Carlos Henrique Bezerra Leite, Vitor Salino, coordenadores. — São Paulo : LTr, 2014.

Bibliografia.
ISBN 978-85-361-2761-3

1. Direito do trabalho 2. Direito processual do trabalho 3. Direitos
humanos I. Leite, Carlos Henrique Bezerra. II. Salino, Vitor.

13-12725   CDU-34:331:342.7

Índice para catálogo sistemático:

1. Direito do trabalho e direitos humanos
34:331:342.7

Colaboradores

Aline Carneiro Magalhães — Mestra em Direito pela PUC-Minas. Bolsista CAPES. Professora na FAGOC. Advogada.

Bruno Gomes Borges da Fonseca — Mestre e Doutorando em Direito (FDV). Procurador do Trabalho. Pesquisador do Grupo de Pesquisa Acesso à Justiça na Perspectiva dos Direitos Humanos no PPGFDV.

Carlos Henrique Bezerra Leite — Doutor e Mestre em Direito (PUC/SP). Professor de Direitos Humanos Sociais e Metaindividuais e Direito Processual do Trabalho (FDV). Desembargador do Trabalho (TRT/ES). Titular da Cadeira 44 da Academia Brasileira de Direito do Trabalho. Coordenador do Grupo de Pesquisa Acesso à Justiça na Perspectiva dos Direitos Humanos no PPGFDV.

Carolina Bastos de Siqueira — Mestre em Direito (FDV). Advogada. Pesquisadora do Grupo de Pesquisa Acesso à Justiça na Perspectiva dos Direitos Humanos no PPGFDV.

Cláudio Jannotti da Rocha — Mestre e Doutorando em Direito pela PUC-Minas. Bolsista CAPES. Membro do Instituto de Ciências Jurídicas e Sociais. Advogado.

Janaína Alcântara Vilela — Mestranda em Direito pela PUC-Minas e Especialista em Direito. Bolsista CAPES. Advogada.

Lidiane da Penha Segal — Mestranda em Direito (FDV). Defensora Pública da União. Pesquisadora do Grupo de Pesquisa Acesso à Justiça na Perspectiva dos Direitos Humanos no PPGFDV.

Rúbia Zanotelli de Alvarenga — Doutora e Mestre em Direito pela PUC-Minas. Professora na FACE. Advogada.

Sarah Hora Rochan — Mestranda em Direito (FDV). Advogada. Pesquisadora do Grupo de Pesquisa Acesso à Justiça na Perspectiva dos Direitos Humanos no PPGFDV.

Vitor Salino de Moura Eça — Pós-doutor pela UCLM- Espanha. Doutor, Mestre e Especialista em Direito. Professor Permanente do PPGD da PUC-Minas. Juiz do Trabalho no TRT/3 – Minas Gerais. Membro da Societé Internationale de Droit du Travail et de la Sécurité Sociale.

Sumário

Apresentação 9
   Paulo Castello Miguel

Prefácio 11
   Daury Cesar Fabriz

Parte I

Direito Material do Trabalho

1. O direito ao trabalho analisado sob a perspectiva humanística: efeito corolário a uma (super)proteção na dispensa coletiva 15
   Vitor Salino de Moura Eça e Cláudio Jannotti da Rocha

2. Os direitos fundamentais sociais: considerações sobre sua efetividade 37
   Vitor Salino de Moura Eça e Janaína Alcântara Vilela

3. A discriminação na fase de admissão ao emprego: a exigência de atestado de antecedentes criminais, civis, creditícios e similares 51
   Vitor Salino de Moura Eça e Rúbia Zanotelli de Alvarenga

4. A liberdade sindical no Brasil e o problema da aplicação do princípio da pluralidade sindical 68
   Carolina Bastos de Siqueira e Carlos Henrique Bezerra Leite

Parte II

Direito Processual do Trabalho

5. A legitimidade da Defensoria Pública da União na Justiça do Trabalho na defesa dos direitos metaindividuais dos trabalhadores 89
   Lidiane da Penha Segal e Carlos Henrique Bezerra Leite

6. Concretização do direito fundamental de acesso à justiça na seara laboral através da tutela da evidência 104
   Vitor Salino de Moura Eça e Aline Carneiro Magalhães

7. Destinação dos recursos arrecadados a título de dano moral coletivo pelo Poder Judiciário.. 125

Bruno Gomes Borges da Fonseca e *Carlos Henrique Bezerra Leite*

8. Cabimento da ação popular na justiça do trabalho em defesa do meio ambiente laboral... 138

Sarah Hora Rocha e *Carlos Henrique Bezerra Leite*

Apresentação

Honra-me de forma significativa o convite para apresentar a obra que ora lhe chega às mãos. Convites desta natureza são sempre recebidos com carinho e alegria. Nesse caso, em especial, ele se reveste da mais alta consideração e responsabilidade, em função das qualidades intrínsecas dos organizadores e da capacidade que possuem de investir, sempre, em produção intelectual acadêmica de qualidade irretocável.

O livro reflete, assim, seus idealizadores, acadêmicos de reconhecimento nacional, sérios, competentes, aglutinadores. Referenciados por todos aqueles que militam no Direito do Trabalho e na pesquisa jurídica, Carlos Henrique Bezerra Leite e Vitor Salino de Moura Eça possuem uma vasta produção acadêmica e dominam o terreno por onde caminham, se apropriando de saberes e práticas do cotidiano dos cursos jurídicos nos quais exercem a docência e a pesquisa. A vivência na magistradura enriquece e alimenta a produção científica e permite um ensino que associa teoria e prática de forma natural.

Sensíveis na descoberta de talentos e na potencialização das capacidades de graduandos, mestrandos e doutorandos, conseguem conduzir a todos pelos meandros da pesquisa jurídica de forma a torná-la algo desafiador e prazeroso. A associação entre a prática docente e a prática da magistratura facilita o encontro com os grandes problemas com os quais os profissionais do Direito e em especial os do Direito do Trabalho têm que se enfrentar. A aproximação com o espaço onde se produz, por excelência, o fazer jurídico no Direito do Trabalho, qual seja, os tribunais, dá a eles a percepção do que é mais relevante para se investigar e isso influencia na qualidade de suas produções acadêmicas.

Ao compartilhar a autoria desta obra com seus alunos, tendo já alcançado os patamares acadêmicos de maior qualificação, Bezerra Leite e Salino deixam evidenciada a humildade intelectual que lhes é característica e valorizam aqueles que, em tese, deveriam valorizá-los e de fato os valorizam, os alunos. Reforçam, assim, a ideia de que aprendiz é quem se dispõe a aprender e que, portanto, somos todos aprendizes, ainda que educadores do mais alto naipe, como são os dois. Aproximam-se dos alunos de forma natural e os conduzem aos resultados que hoje vemos na composição desta obra. Os grandes mestres aprendem enquanto ensinam. Teorizar é apenas uma das partes do processo de ensinar e aprender.

Ao idealizar e executar a presente obra, os autores dão vida a um projeto maior de concretização da relação interinstitucional entre duas instituições de referência no ensino do Direito e da Pós-Graduação em Direito do país. Pontifícia Universidade Católica de Minas Gerais — PUC-MG e Faculdade de Direito de Vitória — FDV associam-se para potencializar suas qualidades investigativas e contribuir de forma ainda mais significativa com o saber jurídico na área a que se propõe, qual seja, o Direito Material e Processual do Trabalho na perspectiva dos Direitos Humanos. Os textos aqui apresentados são todos originados dos intensos debates travados nos encontros dos Grupos de Pesquisa coordenados pelos dois professores em suas instituições.

Direito Material e Processual do Trabalho, ainda que por exigência organizativa, estejam apresentados em partes distintas, compõem uma unidade harmônica, cuja intregração se dá pelo viés dos Direitos Humanos que é, sem sombra de dúvidas, o núcleo central da obra.

Os oito capítulos que compõem o livro nos apresentam uma riqueza temática pautada no enfrentamento de problemas nem sempre tratados nos manuais e nas grandes obras do Direito do Trabalho hoje publicadas em nosso país. Ele é rico de diversidades. Sem fugir do compromisso com as conceituações necessárias e o situar histórico dos institutos, que nos dão o conforto das leituras, os textos nos instigam a curiosidade, alimentando o desejo de conhecer mais acerca de problemas sobre os quais não pensamos no cotidiano do Direito do Trabalho, mas que estão aí, esperando para serem pensados, investigados e apresentados seja sob a forma de reflexões críticas, seja como proposições capazes de influenciar na efetividade dos Direitos Fundamentais, na medida em que os profissionais colocam-se a pensar sobre eles e a encontrar caminhos possíveis para a sua incorporação na prática judicante na seara do Direito do Trabalho.

Seja em capítulos com características mais fundantes, seja nos que tratam dos problemas práticos que surgem nos tribunais e no campo sindical, os textos convidam à reflexão. Sendo objetivos, práticos e densos, ao mesmo tempo, eles refletem as características não apenas dos organizadores/autores da obra, professores Salino e Bezerra Leite, mas também a de seus alunos, que, na realidade, são também grandes profissionais de militância reconhecida em seus espaços de atuação. São defensores públicos, procuradores do trabalho, juízes, advogados, professores, que retornam à academia para se qualificar, se manter atualizados, conscientes da certeza de que a ciência precisa se renovar e a atuação do profissional do Direito, em nossos dias, não pode ficar restrita a um saber engessado no tempo, que não se modifica e que vai se reproduzindo de forma automática. Ao chegar aos Programas de Pós-Graduação, eles trazem temas do seu cotidiano e passam a investigá-los, sob a orientação competente de seus professores/orientadores que os ajudam a transformar suas inquietações profissionais e temas de pesquisa.

Foi assim nesta obra. Deve ser assim na Pós-Graduação. Teoria e prática se aproximam para construir um saber jurídico mais carregado de significados.

Paula Castello Miguel
Diretora Acadêmica da FDV

Prefácio

O Direito, na condição de área científica inserida no âmbito das ciências sociais aplicadas, vem passando por grandes transformações no plano teórico e jurisprudencial. Vários são os fatores determinantes dessas alterações. Vivenciamos uma sociedade extremamente complexa, onde as relações humanas estão submetidas a uma restruturação vertiginosa nos campos social, político e econômico. O mundo se globalizou/universalizou por intermédio das novas formas de comunicação (sociedade da informação) e esse fenômeno resvala na seara das várias relações sociais e, portanto, do trabalho, por ser elemento intrínseco ao modo de produção capitalista. São várias as promessas de desenvolvimento global e geração de riqueza e prosperidade que estão embutidas no embuste da globalização/mundialização. Todavia, o que se verifica na realidade, são consequências graves, que levou o Viviane Forrester a falar em "o horror econômico" (*O horror econômico*, São Paulo, UNESP, 1997), em razão do sucateamento do ser humano e a busca de lucros extraordinários por parte das corporações transnacionais. Na citada obra, a autora demonstra e desvenda as entranhas do capitalismo pós-industrial e suas implicações na perspectiva do emprego. Não é um cenário dos mais promissores para a humanidade. Estaríamos vivendo "os fins dos tempos", conforme aponta o filósofo esloveno SlavojŽižek?

Cada época da história da humanidade teve seus problemas e, de alguma forma, conseguiu resolver suas dificuldades. Penso que não seja diferente com o tempo em que vivemos. São questões que estão aí, postas, e que, necessariamente, exigem entusiasmo para o seu enfrentamento. Certa vez perguntei em sala de aula a um aluno do mestrado da Faculdade de Direito de Vitória (FDV) se a ele fosse dada a chance de descobrir algo novo o que ele gostaria de descobrir. Ele me respondeu, de forma direta e franca, que gostaria de conhecer uma nova cor. Diante da beleza daquele momento de reflexão, disse a ele que essa cor existe, mas muitas vezes nos falta coragem para enxergá-la. Penso que assim deve ser o caminho da resolução dos problemas que estão postos em razão das transformações políticas, econômicas e sociais com as quais a humanidade se defronta nos dias de hoje, ou seja, a necessidade de coragem para enxergar os caminhos.

O livro *Direito Material e Processual do Trabalho na Perspectiva dos Direitos Humanos* que tenho a honra de prefaciar representa esse esforço de coragem em busca de caminhos, fragmentos de luz, que possam representar o enfrentamento de alguns problemas do Direito do Trabalho e Processual do Trabalho que necessitam de melhor compreensão teórica nos tempos atuais. Conforme assinalamos acima, o Direito passa por grandes mudanças e com o Direito do Trabalho e Processual do Trabalho, em específico, não é diferente, dadas as modificações do mundo hodierno. Destaco a coragem presente neste Livro que se revela na percepção de que o enfrentamento das questões jurídicas, para que tenham validade e legitimidade, necessariamente devam passar pelo filtro dos direitos humanos. E é nessa perspectiva que ressalto a coragem dos organizadores e autores da presente obra jurídica.

Falar de direitos humanos não é algo fácil. Sabemos das dificuldades em torno da aceitabilidade desse discurso que envolve a defesa de importantes direitos necessários à tutela e preservação da dignidade humana. Quando essa tarefa de defesa dos diretos humanos se dirige ao campo dos direitos sociais e metaindividuais, a situação fica mais complexa no que tange à aceitabilidade por parte de vários setores que compõem a sociedade. Se, por um lado, temos "o horror econômico" que aponta para "os fins dos tempos", por outro lado, temos a possibilidade dos direitos humanos como forma potente no estabelecimento de um novo ethos para a humanidade. Nessa busca, a importância da ciência jurídica em apontar novas formas e possibilidades.

Os Professores Carlos Henrique Bezerra leite e Vitor Salino são professores reconhecidos nacionalmente na lida com o Direito do Trabalho e Processual do Trabalho, tanto no plano da prática como da teoria. Destacam-se justamente por conceber as questões do Direito a partir das dimensões dos direitos humanos e, na presente obra, não é diferente. Unindo esforços acadêmicos e envolvendo seus alunos pesquisadores, apresentam trabalhos científicos importantes na atualização desse campo da ciência jurídica.

Carlos Henrique Bezerra Leite é Professor Pesquisador do PPGD da Faculdade de Direito de Vitória-FDV, e do Programa de Pós-Graduação (Doutorado e Mestrado) tem se destacado pela profusão na pesquisa tendo por objeto de análise científica os direitos humanos sociais e metaindividuais.

Por sua Vez, Vitor Salino, Professor Pesquisador do PPGD da PUC-MG (Doutorado e Mestrado), coloca-se como um dos mais respeitáveis pesquisadores da chamada Nova Escola de Juristas Mineiros, no seu campo de atuação, no âmbito do Direito do Trabalho e Processual do Trabalho. Na mesma perspectiva da escola capixaba, legitima suas reflexões a partir dos valores informados pelos direitos humanos.

O esforço desses dois Professores, na organização do Livro, que ora prefacio, é admirável e entusiasma, na medida em que se busca compartilhar o conhecimento de forma a criar pontes que permitem o encontro das ideias. Se vivemos em um mundo transformado e em transformação, o encontro de ideias pode significa um caminho para a solução das novas questões que exigem enfrentamento. Parabéns aos organizadores e a todos os pesquisadores que publicam as suas pesquisas na presente obra e, principalmente, pela coragem em tratar de temas tão atuais na perspectiva dos direitos humanos.

Daury Cesar Fabriz
Doutor e Mestre em Direito Constitucional pela FD/UFMG
Coordenador do PPGD em Direito e Garantias Fundamentais da FDV
Presidente da Academia Brasileira de Direitos Humanos

Parte I
Direito Material do Trabalho

1. O direito ao trabalho analisado sob a perspectiva humanística: efeito corolário a uma (super)proteção na dispensa coletiva

Vitor Salino de Moura Eça e Cláudio Jannotti da Rocha

Sumário: 1. Da relação homem, trabalho e sociedade e do direito ao trabalho como direitos humanos. 2. Direito do Trabalho. 3. Análise da dispensa coletiva. 3.1. Alemanha. 3.2. Espanha. 3.3. Outros países. 4. Do posicionamento da jurisprudência brasileira diante da dispensa coletiva. 5. Da efetivação dos direitos trabalhistas através dos direitos humanos da terceira geração. 6. A proteção contra a dispensa e o desemprego. Conclusão. Referências bibliográficas.

1. Da relação homem, trabalho e sociedade e do direito ao trabalho como direitos humanos

Metaforicamente, pode-se afirmar que o trabalho e o homem são como o Sol e a Lua, tendo em vista que quando um sai o outro entra. Quando o homem não está realizando práticas de cunho pessoal (por exemplo: comer, namorar, assistir a um filme, pescar, alimentar-se, malhar, escrever, escutar música), está trabalhando. Tanto é assim que canta ARNALDO ANTUNES: "Acabou a hora do trabalho, começou o tempo do lazer. Você vai ganhar o seu salário, para fazer o que quiser fazer." A magnitude do trabalho na vida do ser humano é tamanha que uma grande parcela dos trabalhadores brasileiros permanece mais tempo em seu labor do que em sua própria residência.

O trabalho é uma das práticas mais antigas do homem, acompanhando-o desde os primórdios, no dito comunismo primitivo, passando pelo escravismo, feudalismo, permanecendo até a presente data no vigente sistema capitalista de produção.

A relação entre o homem e o trabalho vem desde a época pré-histórica, no dito comunismo primitivo, mais conhecido como a Idade da Pedra, período que começou há aproximadamente 2 milhões antes de Cristo e durou até 3 mil antes de Cristo. Os homens eram nômades, viviam da caça, desenvolveram as técnicas em lidar com cerâmicas, anzóis, e arco e flecha.

Já no final do comunismo primitivo, os homens passaram a desenvolver a escrita e a fala. Com o decorrer do tempo, surge a figura do Estado, e com isso se inicia o sistema de escravidão, pautado pela relação entre os escravos e os senhores.

Os escravos eram destituídos de qualquer tratamento jurídico, não tinham qualquer direito, tendo em vista que eram considerados coisas, pertencentes ao seu senhor.

A escravidão se encerra e começa o feudalismo, caracterizado pela relação entre o servo e o senhor feudal. Enquanto o servo estava vinculado à terra, o escravo fazia parte do patrimônio do senhor. O servo em sentido literal não era mais considerado como escravo, porém ainda recebia um tratamento desumano e degradante, próximo àquele ofertado aos escravos.

Justamente no feudalismo, por intermédio dos homens livres (na maior parte, escravos e servos que eram libertados pelos senhores em dias festivos e comemorativos), surgiram as Corporações de Artes e Ofícios, pautadas pela figura dos mestres, aprendizes e companheiros (operários), que posteriormente dariam lugar às fábricas, por meio das Revoluções Industriais.

O sistema feudalista é derrocado e surge então o sistema capitalista de produção, quando se dá a formação do Estado Moderno, o Estado Liberal de Direito, quando surgem os direitos humanos da primeira geração: a liberdade e a igualdade. Durante o Estado Liberal, ocorrem as Revoluções Industriais; a primeira, pautada pela máquina a vapor, e a segunda, pela máquina elétrica.

Na Segunda Revolução Industrial, efetivaram-se novos modos de produção, criados por Frederick Taylor e Henry Ford, tanto no modelo produtivo taylorista como no fordista (que foi um aprimoramento do taylorista). Neste momento, cabia ao trabalhador exercer seu labor de forma quase mecânica, podendo inclusive ser considerado como segmento das máquinas, já que sua única função era operá-las. A linha de montagem estabelecia um ritmo cada vez mais acelerado em busca da maior produtividade possível.

É importante destacar que essa forma de trabalho, paradoxalmente, de um lado, aumentou a exploração sofrida pelo empregado, e, de outro, permitiu que os trabalhadores se identificassem uns com os outros, tendo em vista que, como realizavam o mesmo labor, passaram a ter os mesmos sentimentos, as mesmas angústias, uma identidade de necessidades, e isso facilitou o movimento sindical.

A situação criada pelas Revoluções Industriais acaba dando origem ao suporte fático para a relação empregatícia que seria justamente a base do sistema capitalista e do Direito do Trabalho: a relação de emprego, composta dos requisitos trabalho prestado por pessoa física, onerosidade, subordinação, habitualidade e pessoalidade, previstos, no caso brasileiro, nos art. 2º e 3º da CLT.

O Estado Liberal de Direito, pautado pelo absenteísmo, ao mesmo tempo que concedeu direitos aos cidadãos, introduziu a verdadeiro caos grande parte da população. Diante desta sistemática, surge o pensamento da luta de classes, que ensejou os movimentos sociais dos trabalhadores (revoltas e revoluções envolvendo paralisações, boicotes e inclusive quebra de máquinas), que estavam insatisfeitos com as precárias condições de trabalho.

Neste momento histórico, o número de acidentes de trabalho era altíssimo. Tal fato, inclusive, é considerado como uma das premissas para a criação do Direito do Trabalho, conforme lecionam Jorge Luiz Souto Maior e Marcus Orione Gonçalves Correia: "O acidente do trabalho, ou melhor, a necessidade de se estabelecer obrigações jurídicas pertinentes à sua prevenção e reparação, foi, assim, dos principais impulsos para a formação do direito social e do seu consequente Estado Social."

Homens adultos, mulheres e crianças recebiam o mesmo tratamento, o que resultava em uma enorme exploração do trabalho infantil e feminino (esses dois tipos eram os preferidos da classe patronal, pois esses trabalhadores eram vistos como empregados pacíficos, por não oferecerem resistência, e as crianças também, pela sua energia).

É importante destacar que, nesse momento histórico, surgiram os acordos de fábrica (analogicamente uma negociação coletiva), antes mesmo da criação de qualquer lei trabalhista e até mesmo do Direito do Trabalho, assim demonstrando Paulo Emílio de Ribeiro Vilhena: "Os primeiros raios de normatividade surgiram do próprio grupo, nas coalizões, mas em acordos que, em geral, eram descumpridos, pelo empregador, à falta de norma sancionadora."

Diante desse contexto, impulsionados pelos ideais socialistas e idealizados pelas ideias marxistas da Primeira Internacional de 1864 (conhecida inclusive como Primeira Internacional Socialista), os movimentos operários atingiram níveis de descontentamento alarmantes, tomando uma dimensão internacional, abrangendo toda a Europa, gerando assim uma onda de greves. Quanto à greve, leciona Marcus Orione Gonçalves Correia: "Isolado, sozinho, o trabalhador não tem força suficiente. Organizado, a partir de sua ligação com a coletividade, pode impingir ao empregador condições mais vantajosas para a sua preservação enquanto ser humano. Não é à toa que Mészaròs repara no fato de que a greve, por exemplo, é considerada, historicamente, uma das armas relevantes na luta cotidianamente travada na arena política. A luta do capitalismo contra a greve é prova desta afirmação. Diga-se, de passagem, que greves políticas e de solidariedade são altamente rechaçadas pela doutrina e jurisprudência pátrias. Ressalta-se, ainda, que a busca na vida dos direitos (veja-se, por exemplo, a decisão proferida pelo Supremo Tribunal Federal no que diz respeito à greve no setor público), a tentativa de limitar-se juridicamente este fato, maior do que o direito, é uma das buscas mais constantes dos ordenamentos jurídicos diversos. O fato, no entanto, continua, neste ponto, sendo maior e mais forte do que as forças do próprio direito".

O Estado Liberal é derrocado pela crise da grande depressão dos anos de 1929 a 1933, que atingiu questões de cunho econômico, político e social. Porém, tanto a Primeira (1914-1918) como a Segunda Guerra Mundial (1939-1945) contribuíram para o encerramento desse modelo estatal, que ficou marcado pelas injustiças e desigualdades sociais (através das Revoluções Industriais), com a ascensão e o acúmulo patrimonial de uma minoria e condições precárias da grande maioria.

A partir dessa constrangedora situação, foi constituído, no século XX, o Estado Social de Direito, quando o Estado passou a ter uma interferência ativa — e não absenteísta — diante de seus jurisdicionados, sendo promotor de políticas sociais. O Estado passou a desempenhar um papel distinto daquele (absenteísta) que exercia, sendo interventor nas relações particulares e promotor de políticas sociais, dando origem aos direitos humanos da segunda geração.

Portanto, o trabalho é um direito humano da segunda geração, fruto do Estado Social de Direito, sendo um direito pertencente a todos os seres humanos, tendo em vista que é intrínseco a todos o direito ao trabalho.

Essa valorização do trabalho veio a reconhecer a importância do trabalho na vida do ser humano, como também para a sociedade.

Friedrich Hegel entendia que o trabalho possui um papel tão importante na vida do ser humano que poderia ser considerado o mediador entre o Homem e o mundo.

Para Santo Agostinho, o trabalho junto com a reza deveriam ser as atividades gloriosas de todos os cristãos.

Luiz Otávio Linhares Renault define: "Desde os primórdios da humanidade até a época atual, o trabalho tem sido condição *sine qua non* para a sobrevivência e para o crescimento moral, espiritual, religioso, intelectual, cultural, científico e material do homem."

Especificamente em relação ao Brasil, o direito ao trabalho encontra-se previsto nos direitos sociais do art. 6º da Constituição da República, junto à educação, à saúde, à alimentação, à moradia, ao lazer, à segurança, à previdência social, à proteção à maternidade, à proteção à infância e à assistência aos desamparados. Conforme se percebe, a República Federativa do Brasil, reconhecendo o trabalho como direito humano, tratou de valorizá-lo juridicamente como direito social em nível constitucional. E, no que tange à relação de emprego (uma das espécies de trabalho, conforme anteriormente demonstrado, foi constituída durante as Revoluções Industriais), esta proteção deve ocorrer tanto no plano pré-contratual quanto no contratual e pós-contratual, tendo em vista a existência de seu principal elemento caracterizador, a subordinação.

2. Direito do Trabalho

Ainda durante o Estado Social, surge como direito social o Direito do Trabalho, fruto das lutas, das revoltas, das revoluções e dos movimentos sociais dos trabalhadores (fontes materiais do ramo *justrabalhista*). Corolário lógico, este ramo especializado deve ser considerado embrionariamente um direito coletivo. Daí porque se pode afirmar que, no Direito do Trabalho, proteger o direito coletivo do trabalho é necessariamente fortalecer o direito individual do trabalho.

Quanto à natureza coletiva (greves, revoltas, revoluções, movimentos sociais e políticos) do Direito do Trabalho, leciona Maria Cecília Máximo Teodoro:

"A industrialização propiciou o surgimento do direito do trabalho da mesma forma que possibilitou o desenvolvimento da união coletiva. Mesmo porque existe uma verdadeira relação de causa e efeito entre os dois. Pode-se dizer também que o direito do trabalho surgiu da união e organização dos trabalhadores."

Após a Segunda Guerra Mundial, o mundo estava esfacelado, e por isso precisava ser reconstruído; porém, seguindo e pautado por outras premissas, e não por aquelas do Estado Liberal — um capitalismo desorganizado e segmentado pelo individualismo. Para isso, dentre as mudanças, foi criado o Direito do Trabalho, que objetiva a reconstrução da sociedade, pautada pela ordem coletiva e não individual. A sociedade a partir de então passou a ser vista a partir da coletividade e não da individualidade.

Esse novo modelo de paradigma estatal alterou até mesmo a posição do Estado (juiz), que durante o Estado Liberal se resumia a respeitar tão somente o princípio da legalidade, por meio da conhecida técnica do positivismo, *labouche du droit*. A partir do Estado Social, o julgamento de uma lide deveria ser feito através de métodos capazes de olvidar os fins sociais da lei e o bem comum, que nos atuais dias estão previstos no art. 5º da Lei de Introdução às Normas do Direito Brasileiro.

3. Análise da dispensa coletiva

Ao contrário do Brasil, que não regulamenta a dispensa coletiva, países como Alemanha, Espanha, Itália, Portugal, França, Inglaterra, Holanda, México e Argentina regulamentam esse tema de grande relevância social, trazendo o conceito, os elementos caracterizados e os direitos dos trabalhadores. É importante destacar que na Europa a dispensa coletiva possui tanta importância que é objeto de norma da União Europeia a seus países membros, por meio das Diretivas ns.75/129; 92/56 e 98/59. E, ainda, deve ser destacada a Convenção n. 158 da OIT, que também regulamenta o tema.

Neste sentido, leciona Amauri Mascaro Nascimento: "Faltam, em nossa lei, mecanismos utilizados em outros países como a previsão de dispensas coletivas por motivos econômicos. Nosso direito só se ocupa de dois tipos de dispensas, com justa causa e sem justa causa, hipóteses completamente diferentes e que, portanto, deveriam ter efeitos bem diferentes."

Quanto à Convenção n. 158 da OIT, leciona o ministro do C. Tribunal Superior do Trabalho Carlos Alberto Reis de Paula: "O art. 13 da Convenção n. 158 preconiza que, havendo dispensas coletivas por motivos econômicos, técnicos, estruturais ou análogos, o empregador deverá informar oportunamente à representação de trabalhadores, manter negociação com a representação e notificar a autoridade competente, cientificando-se da sua pretensão, dos motivos da dispensa, do número de trabalhadores atingidos e do período durante o qual as dispensas ocorrerão. Nota-se, portanto, que a referida Convenção insere-se na mesma linha principiológica da Constituição Federal e do Código Civil de 2002, sendo plenamente compatível, tanto com a teoria quanto na prática, com o Estado Democrático de Direito atualmente vigente no Brasil".

Diante dessa ausência normativa, indaga o ministro antes mencionado: "Afinal, o que é uma dispensa coletiva? A nossa legislação permanece silente".

Assim, em nome do princípio da indeclinibilidade do Poder Judiciário (art. 5º, XXXV, da CR/88), o estudo comparado torna-se obrigatório para que a população brasileira tenha a devida tutela jurisdicional, bem como fiquem estabelecidos o conceito, o requisito e os direitos dos trabalhadores que sofrem uma dispensa coletiva, conforme art. 8º da CLT.

3.1. Alemanha

A dispensa individual é regulamentada na KSchG, fazendo parte do Direito Individual do Trabalho, enquanto a coletiva, também prevista na KSchG, está inserida no Direito Social. As normas protetoras aplicáveis à dispensa individual também são aplicáveis à coletiva.

O ordenamento jurídico alemão, por intermédio da KSchG, traz dois requisitos para a caracterização da dispensa coletiva: o quantitativo, elencando o número de trabalhadores dispensados, e o temporal, que é o período em que ocorreram as dispensas.

Quanto ao primeiro requisito, o art. 17, § 1º, do KSchG determina que o estabelecimento que possui entre 20 e 60 funcionários não pode dispensar cinco ou mais empregados; que a empresa que tenha entre 60 e 500 trabalhadores não pode dispensar o percentual de 10% ou mais de 25 empregados; e, por fim, a empregadora que possuir 500 ou mais obreiros não pode dispensar mais de 30 funcionários, tudo sob pena de ficar caracterizada a dispensa coletiva, caso as dispensas ocorram dentro do limite determinado pela lei, que é de 30 dias (requisito temporal).

Na Alemanha, não importa se as dispensas foram causadas ou não, ou seja, a lei não traz o requisito qualitativo. Toda dispensa ocorrida no prazo de 30 dias é considerada para fins de caracterização da dispensa coletiva.

O procedimento a ser obedecido pelo empregador quando for realizar uma dispensa coletiva é composto de três atos que devem ser realizados de forma cumulada, sendo eles: a) informação ao conselho de empresa para ser realizado um acordo entre as partes, denominado de plano social; b) consulta e comunicação ao conselho de empresa; e c) notificação para órgão administrativo-Estado.

O primeiro ato que está previsto na BetrVG prevê que, se houver alteração em uma empresa que tiver mais de 20 funcionários que possa acarretar prejuízo ao quadro de funcionários, essa empresa deve informar o conselho de empresa dessa modificação, iniciando então um plano social de negociação e deliberação, para que possam chegar a um acordo.

A informação ao conselho de empresa possibilita a participação dessa nas práticas empresariais, para que as partes possam pactuar um acordo com objetivo de que a modificação na empresa não rompa contratos coletivamente, podendo inclusive ser criadas medidas alternativas, como recolocação ou aprimoramento dos trabalhadores. Caso seja realmente necessária a dispensa massiva, podem as partes fixar a devida indenização.

O prazo máximo para que o acordo seja alcançado é de dois meses, contados da data da informação, sendo que o acordo pactuado entre a empresa e o conselho de empresa deverá ser escrito e, nessa ocasião, denominado de Sozialplan, plano social.

Realizada a informação, e estando ciente o conselho de empresa quanto à modificação feita na empresa, deverá ser realizado o segundo ato, devendo o conselho de empresa ser notificado pelo empregador da dispensa coletiva que pretende realizar, bem como os fatos que estão ensejando a dispensa, para que as partes possam pactuar um acordo para evitar a cessação coletiva ou então atenuar seus efeitos.

Nos moldes do art. 17, § 2º, da KSchG, essa notificação deve conter: o número de trabalhadores que serão afetados pela dispensa coletiva; o período em que deve ocorrer a dispensa; o motivo utilizado para a escolha dos trabalhadores a serem dispensados; os fatos que ensejaram a dispensa e a indenização a ser ofertada aos trabalhadores.

Não sendo alcançado o acordo entre a empresa e o conselho de empresa, seja para evitar ou diminuir os efeitos da dispensa coletiva, caberá ao conselho de empresa emitir um parecer da negociação ocorrida, bem como seu desfecho. Esse parecer será utilizado posteriormente para efetivação do procedimento administrativo perante o Estado, que analisará a dispensa em massa.

Por último, o procedimento administrativo, composto de duas formalidades: notificação ao Departamento Estadual do Trabalho da situação da empresa e notificação ao mesmo órgão da dispensa coletiva a ser realizada. Essas notificações têm previsão na AFG e na KSchG.

Nessa ocasião, o Estado é representado por uma autoridade ligada ao Departamento Estadual do Trabalho. O procedimento administrativo tem como objetivo adiar a dispensa coletiva e encontrar medida alternativa para que não ocorra, mas não possui o poder de proibi-la.

A notificação feita ao Departamento Estadual do Trabalho, informando a situação da empresa, deve estar acompanhada do parecer emitido pelo conselho de empresa.

Na segunda notificação, prevista no § 1º do art. 17 da KSchG, a empresa deve comunicar por escrito ao Departamento Estadual do Trabalho da dispensa que pretende realizar. Caso o empregador não cumpra essa obrigação legal, a dispensa coletiva será considerada nula, podendo os trabalhadores pleitear sua reintegração.

Nessa ocasião, cabe ao Departamento Estadual do Trabalho tentar evitar a dispensa coletiva, apoiando o empregador, e, por outro lado, ajudar o empregado a providenciar outro emprego.

Essa notificação deverá conter cópia da informação dada ao conselho da empresa quanto a sua alteração; do parecer emitido pelo conselho — Stellungnahme — contendo suas informações e a tentativa do acordo, plano social. Na falta do parecer, a notificação é considerada inválida, muito embora esse possa ser juntado posteriormente, caso o conselho de empresa se negue a emiti-lo a tempo e modo.

Feitas as duas comunicações, passará a fluir o prazo de um mês, conhecido como prazo de espera, que é contado a partir do recebimento do Departamento Estadual do Trabalho.

Durante esse período, o empregador está proibido de dispensar qualquer trabalhador. Insta salientar que esse prazo pode ser prorrogado pelo Departamento Estadual do Trabalho para dois meses.

Ultrapassado esse prazo, o empregador pede dispensa do empregado que constava nas notificações.

Decorrido o prazo de espera, mesmo que tenha sido adotada alguma medida recomendada pelo Departamento Estadual de Trabalho, o empregador terá o prazo máximo de um mês para realizar a dispensa coletiva. Após esse prazo, o empregador não poderá fazer qualquer dispensa, devendo para isso o empregador realizar um novo procedimento, sendo obedecido o devido trâmite.

3.2. Espanha

Na Espanha, o § 1º do art. 51 da Ley del Estatuto de los Trabajadores, com redação dada pelo Real Decreto Legislativo n. 1/1995, regulamenta a dispensa coletiva, trazendo os requisitos da dispensa coletiva dos contratos de trabalho, que são três: qualitativo, temporal e quantitativo.

O primeiro diz respeito a motivo econômico, técnico, organizacional ou produtivo. O segundo é o lapso temporal de 90 dias a ser observado pelo empregador. E o terceiro diz respeito ao número de trabalhadores dispensados no período de 90 dias. Se um empregador dispensar 10 trabalhadores, possuindo em seu quadro de funcionários menos de 100 empregados, e se possuir entre 100 e 300 funcionários, o número a ser observado será de 10% do total de empregados, e havendo na empresa mais de 300 empregados, o numerário a ser obedecido é de 30 dispensas.

Por motivo econômico, deve-se entender, como a perda de rendimentos atual ou planejada (meta) da empresa, ou diminuição permanente de sua renda, capaz de afetar sua existência e corolário a manutenção dos postos de emprego. Para ficar caracterizado o motivo econômico, a empresa deve comprovar suas alegações e justificar seus resultados.

O motivo técnico deve ser observar as mudanças dos instrumentos e dos meios de produção da empresa que devem ser realizadas, sob pena de prejuízo empresarial na concorrência de mercado. Para isso, a empresa deverá comprovar as causas que a conduziram a realizar tais mudanças, bem como justificá-la, como uma melhoria na sua posição competitiva no mercado.

A lei espanhola não conceituou o motivo organizacional e produtivo.

O § 2º do art. 51 da Ley del Estatuto de los Trabajadores estabelece que o empresário que tiver a intenção de efetuar uma dispensa coletiva deverá solicitar autorização conforme as normas previstas nessa lei e em suas regulamentações.

O procedimento se iniciará com a solicitação à autoridade trabalhista competente e a abertura simultânea de um período de consultas com os representantes legais dos trabalhadores, § 2º do art. 51 da Ley del Estatuto de los Trabajadores.

A comunicação a ser realizada à autoridade de trabalho, bem como a consulta aos representantes dos trabalhadores, deve ser escrita e estar devidamente acompanhada de toda a documentação necessária para estabelecer as razões que motivam o caso e a justificação das medidas a tomar. A comunicação da consulta aos representantes dos trabalhadores deve estar acompanhada também da comunicação feita à autoridade do trabalho.

Inexistindo órgão de representação legal dos trabalhadores na empresa, os empregados podem formar uma comissão designada nos termos do § 4º do art. 41.

Recebido o pedido, a autoridade de trabalho irá verificar se esse preenche os requisitos legais; caso contrário, irá sugerir que sejam adotadas medidas por parte do empregador no prazo de dez dias, advertindo-o de que, caso não as adote, seu pedido será retirado e arquivado.

Se, durante o pedido de dispensa coletiva, a autoridade do trabalho entender que o empregador está tomando atitudes ineficazes para a efetividade das medidas que lhe foram sugeridas, ele poderá solicitar ao empregador a cessação imediata das mesmas.

Se a dispensa coletiva tiver o condão de afetar mais de 50% dos trabalhadores, prevê o § 4º do art. 51 da Ley del Estatuto de los Trabajadores que o empregador deverá prestar contas relativas à venda dos bens da empresa aos representantes dos obreiros e à autoridade competente, exceto daqueles que constituem as suas operações normais.

A consulta aos representantes legais dos trabalhadores deverá ser pautada pela boa-fé, com o objetivo de ser alcançado um acordo, não podendo durar mais de 30 dias, para as empresas que possuem 50 ou mais empregados, enquanto, para as empresas com menos de 50 empregados, esse prazo tem a duração de 15 dias.

Em ambos os casos, deverão ser debatidas as razões que motivaram a dispensa coletiva e soluções capazes de evitar ou reduzir seus efeitos, bem como medidas para atenuar as suas consequências para os trabalhadores afetados, medidas de reorganização empresarial e recolocação dos trabalhadores, treinamento ou reciclagem profissional dos trabalhadores para permitir a continuidade e viabilidade do projeto empresarial e dos postos de emprego.

A empresa que possui 50 ou mais funcionários deve elaborar desde o início da consulta um plano social que contenha as medidas mencionadas.

A empregadora e os representantes legais dos trabalhadores podem acordar a qualquer momento pela substituição do período de consulta por um processo de mediação ou de arbitragem, aplicável ao nível da empresa, a ser desenvolvido dentro dos prazos previstos para esse período.

Alcançado o acordo entre empregador e os representantes legais dos trabalhadores durante o período de consulta, a autoridade do trabalho será informada disso e no prazo de sete dias emitirá sua decisão quanto à cessação coletiva, enviando cópia ao órgão de Inspeção do Trabalho e da Segurança Social e da entidade gerente do subsídio de desemprego, para as devidas cautelas de estilo.

Caso as autoridades trabalhistas constatem de ofício ou a requerimento de uma das partes a existência de fraude, falsidade ideológica, coação ou abuso de direito na conclusão do acordo, irá remetê-lo à autoridade judicial para a devida averiguação, podendo inclusive esse acordo ser declarado nulo. Durante a apreciação perante o Poder Judiciário, o prazo para a decisão da autoridade trabalhista ficará devidamente suspenso.

Expirado o prazo de consulta, e não alcançado o acordo entre as partes, a autoridade do trabalho emitirá uma resolução autorizando ou negando totalmente ou parcialmente o pedido empresarial de dispensa coletiva.

Essa resolução deverá ser feita no prazo de 15 dias, contados da notificação à autoridade de trabalho da conclusão do período de consulta. Se dentro desse prazo não houver declaração expressa, será entendida como autorizada a dispensa coletiva, nos termos requeridos pela empresa. A resolução da autoridade do trabalho deverá ser motivada em consonância com o requerimento empresarial.

É importante destacar que os representantes legais dos trabalhadores terão prioridade para permanecer na empresa.

O § 8º do art. 51 da Ley del Estatuto de los Trabajadores preceitua que os trabalhadores cujos contratos se encerrem em conformidade com o disposto no presente artigo terão direito a uma indenização de vinte dias de salário por ano de serviço, sendo que, quando o período de tempo de trabalho for inferior a um ano, será calculada uma fração ideal proporcional aos meses trabalhados no respectivo ano, respeitado o prazo máximo de 12 mensalidades.

O processo de consulta também pode ser instaurado a pedido dos representantes dos trabalhadores, caso entendam que a empresa esteja passando por uma crise que possa acarretar aos empregados prejuízo de difícil reparação, devendo ser observados os mesmos procedimentos endereçados às empresas. Nesta ocasião, a autoridade do trabalho requisitará as ações e os relatórios para elucidação e resolução do caso, nos prazos estabelecidos em lei.

Na hipótese de venda judicial da totalidade ou de parte da empresa, só é aplicável o disposto no art. 44 quando o vendido compreender os elementos necessários e suficientes por si mesmo para continuar a atividade empresarial.

Inobstante o previsto no parágrafo anterior, caso o novo proprietário da empresa decida não continuar ou suspender as atividades empresariais, sua decisão deverá ser fundamentada.

A ocorrência de força maior capaz de servir como causa da dispensa coletiva deve ser verificada pela autoridade do trabalho, independentemente do número de trabalhadores a serem dispensados.

O procedimento da dispensa coletiva por força maior, iniciado pelo empregador, deverá obedecer ao mesmo trâmite previsto para as demais possibilidades, quer seja, informar a autoridade trabalhista e comunicar os representantes dos trabalhadores de sua intenção, devidamente acompanhado dos documentos que comprovem a existência da força maior.

Serão aplicadas subsidiariamente as disposições da Lei n. 30/1992, que regulamenta o Regime Jurídico das Administrações Públicas e o Procedimento Administrativo Comum, em matéria de recurso, na hipótese de omissão dessa lei.

Todas as atuações e as notificações deverão ser efetuadas para os trabalhadores por intermédio dos seus representantes legais (sindicatos, por exemplo).

As obrigações de prestar informações e o fornecimento de documentos nesse artigo aplicam-se independentemente da autoria da decisão pela cessação coletiva, por empresário ou pela diretoria da empresa. Na falta das práticas diligências previstas em lei, a dispensa coletiva produzirá qualquer efeito jurídico capaz, tornando-se ilícita, passível de indenização, estando sujeita à apreciação do Poder Judiciário.

3.3. Outros países

Ainda no continente europeu, somente a título de informação, têm-se notícias de que na Holanda a cessação coletiva só pode ocorrer se o órgão administrativo permitir. Já na Grã-Bretanha, o empregador deve consultar o sindicato profissional e informar previamente o *Redundancy Payments Office of the Department of Employment*. Em caso de descumprimento, a questão pode ser levada aos tribunais, que condenam o empregador a uma indenização consubstanciada na idade e no prejuízo do trabalhador.

Na França, a lei de 3 de janeiro de 1975 regulamenta o tema, exigindo como premissa para uma cessação coletiva um motivo econômico. O empregador que quiser realizar uma cessação coletiva deverá requerer a competente autorização junto ao Departamento do Trabalho, que poderá deferir ou indeferir o pedido. Indeferido o pedido e esgotado o prazo recursal, a cessação coletiva implica sanções de natureza civil e penal, caso o empregador venha a descumprir a decisão. O Tribunal pode declarar a nulidade da cessação coletiva caso não seja obedecido o processo de consulta previsto em lei.

Destaca-se ainda que, conforme tese de doutorado apresentada por Lorena Vasconcelos Porto — *La Disciplina dei Licenziamenti in Italia e nel Diritto Comparato: uma Proposta per il Diritto del Lavoro in Brasile* —, países como Dinamarca, Suécia e Finlândia regulamentam a dispensa coletiva trabalhista em seus respectivos ordenamentos jurídicos, trazendo tanto o conceito, os seus requisitos, bem como o procedimento obrigatório a ser adotado pelo empregador, sendo em regra a informação e a consulta aos sindicatos e a notificação à autoridade administrativa. Na Finlândia, o requisito quantitativo assevera que a dispensa de apenas um contrato de trabalho, por razão econômica, produtiva ou assemelhada, é capaz de caracterizar uma dispensa coletiva.

Conforme se percebe, todos os países mencionados decidem que na hipótese de ocorrer uma dispensa coletiva à margem da regulamentação imposta, essa estará sujeita ao controle do Poder Judiciário, que poderá declarar a nulidade da dispensa coletiva, podendo inclusive ocorrer a reintegração dos trabalhadores.

4. Do posicionamento da jurisprudência brasileira diante da dispensa coletiva

Atualmente, a jurisprudência brasileira, diante da ausência normativa que regulamenta a dispensa coletiva, vem decidindo através do estudo comparado e dos princípios constitucionais. Assim, fica ofertada aos cidadãos brasileiros uma efetiva tutela jurisdicional quanto à dispensa coletiva.

O Tribunal Superior do Trabalho, por meio de sua Seção Especializada em Dissídios Coletivos (SDC), no julgamento da ação trabalhista, autos n. 0309/2009, tendo como relator o ministro Maurício Godinho Delgado, decidiu da forma inovadora no sentido de que estava criando uma premissa para a dispensa coletiva não ser considerada arbitrária e ilícita: "de que deve haver a negociação coletiva prévia". Essa notável decisão representa importante *leading case*:

> "RECURSO ORDINÁRIO EM DISSÍDIO COLETIVO. DISPENSAS TRABALHISTAS COLETIVAS. MATÉRIA DE DIREITO COLETIVO. IMPERATIVA INTERVENIÊNCIA SINDICAL. RESTRIÇÕES JURÍDICAS ÀS DISPENSAS COLETIVAS. ORDEM CONSTITUCIONAL E INFRACONSTITUCIONAL DEMOCRÁTICA EXISTENTE DESDE 1988. A sociedade produzida pelo sistema capitalista é, essencialmente, uma sociedade de massas. A lógica de funcionamento do sistema econômico-social induz a concentração e centralização

não apenas de riquezas, mas também de comunidades, dinâmicas socioeconômicas e de problemas destas resultantes. A massificação das dinâmicas e dos problemas das pessoas e dos grupos sociais nas comunidades humanas, hoje, impacta de modo frontal a estrutura e o funcionamento operacional do próprio Direito. Parte significativa dos danos mais relevantes na presente sociedade e das correspondentes pretensões jurídicas tem natureza massiva. O caráter massivo de tais danos e pretensões obriga o Direito a se adequar, deslocando-se da matriz individualista de enfoque, compreensão e enfrentamento dos problemas a que tradicionalmente perfilou-se. A construção de uma matriz jurídica adequada à massividade dos danos e pretensões característicos de uma sociedade contemporânea — sem prejuízo da preservação da matriz individualista, apta a tratar os danos e pretensões de natureza estritamente atomizada — é, talvez, o desafio mais moderno proposto ao universo jurídico, e é sob esse aspecto que a questão aqui proposta será analisada. As dispensas coletivas realizadas de maneira maciça e avassaladora somente seriam juridicamente possíveis em um campo normativo hiperindividualista, sem qualquer regulamentação social, instigador da existência de mercado hobbesiano na vida econômica, inclusive entre empresas e traba-lhadores, tal como, por exemplo, respaldado por Carta Constitucional como a de 1891, já há mais um século superada no país. Na vigência da Constituição de 1988, das convenções internacionais da OIT ratificadas pelo Brasil relativas a direitos humanos e, por consequên-cia, direitos trabalhistas, e em face da leitura atualizada da legislação infraconstitucional do país, é inevitável concluir-se pela presença de um Estado Democrático de Direito no Brasil, de um regime de império da norma jurídica (e não do poder incontrastável privado), de uma sociedade civilizada, de uma cultura de bem-estar social e respeito à dignidade dos seres humanos, tudo repelindo, imperativamente, dispensas massivas de pessoas, abalando empresa, cidade e toda uma importante região. Em consequência, fica fixada, por interpre-tação da ordem jurídica, a premissa de que a negociação coletiva é imprescindível para a dispensa em massa de trabalhadores. DISPENSAS COLETIVAS TRABALHISTAS. EFEITOS JURÍDICOS. A ordem constitucional e infraconstitucional democrática brasileira, desde a Constituição de 1988 e pelos diplomas internacionais ratificados (Convenções OIT ns. 11, 87, 98, 135, 141 e 151, ilustrativamente), não permite o manejo meramente unilateral e potestativo das dispensas trabalhistas coletivas, por se tratar de ato/fato coletivo, inerente ao Direito Coletivo do Trabalho, e não Direito Individual, exigindo, por consequência, a participação do(s) respectivo(s) sindicato(s) profissional(is) obreiro(s). Regras e princípios constitucionais que determinam o respeito à dignidade da pessoa humana (art. 1º, III, CF), a valorização do trabalho e especialmente do emprego (art. 1º, IV, 6º e 170, VIII, CF), a subordinação da propriedade à sua função socioambiental (art. 5º, XXIII e 170, III, CF) e a intervenção sindical nas questões coletivas trabalhistas (art. 8º, III e VI, CF), tudo impõe que se reconheça distinção normativa entre as dispensas meramente tópicas e individuais e as dispensas massivas, coletivas, as quais são social, econômica, familiar e comunitariamente impactantes. Nesta linha, seria inválida a dispensa coletiva enquanto não negociada com o sindicato de trabalhadores, espontaneamente ou no plano do processo judicial coletivo. A d. Maioria, contudo, decidiu apenas fixar a premissa, *para casos futuros*, de que a nego-ciação coletiva é imprescindível para a dispensa em massa de trabalhadores, observados os fundamentos supra. Recurso ordinário a que se dá provimento parcial."

Portanto, a partir dessa singular decisão consubstanciada no direito comparado e nos princípios do ordenamento jurídico brasileiro, qualquer dispensa coletiva que ocorra sem a negociação coletiva prévia é inválida, não produzindo qualquer efeito, encontrando-se ainda sob o controle do Poder Judiciário.

Essa decisão histórica foi efetivada pelo próprio Colendo Tribunal Superior do Trabalho, no final do ano passado (em 11.12.2012), por intermédio da Seção Especializada em Dissídios Coletivos (SDC), no julgamento dos autos n. RO 6-61.2011.5.05.0000, tendo como relator o ministro Walmir Oliveira da Costa, negando provimento ao recurso ordinário aviado por uma grande produtora de alumínio, localizada no Estado da Bahia, que dispensou aproximadamente 400 empregados.

Os autos deste dissídio coletivo de natureza jurídica, ajuizado pelo Sindicato dos Trabalhadores nas Indústrias Metalúrgicas, Siderúrgicas, Mecânicas, Automobilísticas e de Auto Peças, de Material Elétrico e Eletrônico, de Informática e de Empresas de Serviços de Reparos, Manutenção e Montagem, de Candeias, São Francisco do Conde, Madre de Deus e Santo Amaro, na Bahia (STIM-Candeias), teve como instância originária o Tribunal Regional do Trabalho da 5ª Região (Bahia), que decidiu favoravelmente aos trabalhadores metalúrgicos, declarando que a dispensa coletiva foi abusiva e ineficaz, porque ocorreu sem negociação coletiva prévia, e determinou sua ineficácia, deferindo, a título de indenização, os salários e as vantagens legais do período em que perdurar a ineficácia das despedidas. Também decidiu pela manutenção dos planos de saúde nas mesmas condições em que vigoravam anteriormente, asseverando: "Há, por isso mesmo, necessidade de regular esse ato, adotando-se, inclusive, mecanismos que objetivem diminuir os seus efeitos deletérios. Surge então a negociação coletiva, instrumento apto a compor interesses divergentes, com vistas a disciplinar as condições do ato de despedida maciça."

O Tribunal Superior do Trabalho, mantendo o acórdão prolatado pelo Egrégio Tribunal Regional do Trabalho da Bahia, asseverou que a dispensa coletiva deve ser objeto de negociação coletiva prévia com o sindicato da categoria, não se tratando de mero direito potestativo do empregador. Conforme ressaltou o ministro relator Walmir Oliveira da Costa: "A negociação coletiva prévia se fazia ainda mais necessária, tendo em vista que não se tratava de mera redução de pessoal, mas de dispensa da totalidade dos empregados do estabelecimento, com consequências graves para os trabalhadores e para a comunidade local."

O então presidente do Tribunal Superior do Trabalho, ministro João Oreste Dalazen, que acompanhou o voto do ministro relator, ressaltou nesse recente julgado que a Diretiva n. 98/59 da União Europeia deve ser observada no sentido de que a empresa deve estabelecer um cronograma e critérios para minorar os efeitos das dispensas e, assim, diminuir efeitos deletérios da rescisão de centenas de contratos de trabalho. Conforme se percebe, o julgamento dos autos n. RO 6-61.2011.5.05.0000 efetivou a premissa estabelecida no *leading case* (Autos 0309/2009): imprescindibilidade da negociação coletiva prévia na hipótese de dispensa coletiva.

Indubitavelmente, a decisão em comento é a primeira decisão do Colendo Tribunal Superior do Trabalho a declarar, expressamente, a nulidade de uma dispensa coletiva por ausência da negociação coletiva prévia, sendo digna de aplausos (e em pé) e formando um marco teórico para as recentes dispensas coletivas.

Analisando esses dois distintos julgados do Colendo Tribunal Superior do Trabalho (309/2009 e RO 6-61.2011.5.05.0000), é imperioso concluir que, em virtude da ausência de norma que regulamenta a dispensa coletiva, é obrigatória a negociação coletiva prévia junto ao respectivo sindicato, tendo em vista que no âmbito coletivo inexiste direito potestativo do empregador de dispensar coletivamente, sendo nula a dispensa coletiva que não seja precedida por negociação coletiva.

Em outra dispensa coletiva, decidiu o Egrégio Tribunal Regional do Trabalho de Minas Gerais (3ª Região), através da decisão proferida pelo relator, desembargador Caio Luiz Vieira de Mello, asseverando também a imprescindibilidade da negociação coletiva prévia: "No presente caso, tem-se notícia de dispensa indiscriminada em exercício abusivo de um direito de milhares de empregados sem qualquer critério e diálogo com o sindicato profissional. Salienta-se que a dignidade da pessoa humana, bem como o princípio da dispensa necessária sem desqualificação profissional e com a indenização justa (art. 7º, I, da CF), é o que deve prevalecer, antecedida de ampla negociação, sob pena de ação de dano morais e materiais".

A negociação deverá abranger os motivos da dispensa: o número e as categorias de profissões dos trabalhadores que serão dispensados, os prazos das dispensas, bem como os critérios de escolha dos que serão dispensados.

A ausência de negociação e de fixação de critérios implica no deferimento, em parte, da liminar pretendida, assegurando-se o impedimento de demissões a partir dessa decisão até que sejam estabelecidos critérios para a dispensa, mediante negociação com o sindicato profissional, com a presença, se necessário, do d. Ministério Público do Trabalho.

Recentemente, em outra dispensa coletiva, a magistrada Cláudia Regina Reina Pinheiro, da 22ª Vara do Trabalho do Rio de Janeiro, em uma ação civil pública, autos n. 00000019-68.2012.051.0022, demonstrou brilhantemente que uma dispensa coletiva deve ser precedida de negociação coletiva prévia, tendo em vista que pode violar tanto os direitos e interesses individuais, coletivos e sociais como o direito e o interesse público: "Não devem ser consideradas como condições satisfatórias de trabalho aquelas que são desenvolvidas constantemente através dos mais variados tipos de pressão psicológica, como a dispensa coletiva sem qualquer tipo de negociação coletiva com abuso de poder, exercício irregular de poder, transgressão de interesse sociais e estatais, com danos para terceiros além de prejuízos sociais e estatais. Na hipótese dos autos, a dispensa atingiu também interesse público em razão da quebra do convênio com a Santa Casa de Misericórdia retirando o acesso à saúde que era promovido pelos professores hoje pelas reclamadas".

Ressaltou ainda: "Ninguém em um Estado Democrático de Direito é agraciado com a prerrogativa de praticar atos desprovidos de razoabilidade que firam interesses da coletividade e, por conseguinte, o próprio interesse público".

Observa-se por meio desse julgado duas questões relevantes, que demonstram uma grande evolução na defesa dos direitos sociais trabalhistas: 1) que foi apreciada em primeira instância, por um juiz singular — 22ª Vara do Trabalho do Rio de Janeiro —, que encontra-se muito próximo às partes; 2) que trata-se de uma ação civil pública ajuizada pelo Sindicato dos Professores, fazendo o uso de mecanismos metaindividuais (ou coletivos genericamente).

5. Da efetivação dos direitos trabalhistas através dos direitos humanos da terceira geração

O Estado Social de Direito foi findado em meados finais do século XX, surgindo então o Estado Neoliberal (Democrático de Direito). Dentre alguns motivos que levaram à derrocada do Estado Social, elencam-se: a insuficiência financeira dos Estados na manutenção das políticas públicas sociais; as crises petrolíferas ocorridas na década de 1970; a terceira Revolução Industrial; a globalização econômica; a formação de uma sociedade massificada e de consumo exagerado; e a queda do modelo socialista da União Soviética. Inclusive pode-se falar até mesmo na mudança do sistema capitalista de produção.

A sociedade do Estado Democrático de Direito é pautada pela multidiversidade, que ainda possui como característica uma rápida capacidade de transformação. Essa característica influencia até mesmo os modos de produção (toyotismo). Quanto à mudança empresarial, conforme ilustra Márcio Túlio Viana: "As empresas atualmente tornaram-se mais horizontais e fisicamente menores, produzindo somente o necessário, enxugando ao máximo seu número de empregados, inovando seus produtos em alta velocidade, fazendo uso cada vez maior da automatização e organização em rede. No entanto, quase sempre, a redução é realmente apenas física, e mesmo assim relativa, pois as pequenas empresas que servem às grandes de certo modo lhes pertencem, já que se submetem aos seus desígnios. Palavras que ditam a empresa atual: competitividade, flexibilidade, consumo e conhecimento".

Os produtos devem ser cada vez mais parecidos com os consumidores (que são os trabalhadores), mais individuais. Busca-se uma afinidade entre produto e consumidor. Aliás, não basta que o ser humano seja trabalhador, ele tem de ser ao mesmo tempo trabalhador e consumidor.

Diante dessas alterações ocorridas no mundo do trabalho, o ser humano fica cada vez mais desprotegido frente ao seu empregador, passando a preponderar a estratégia de tornar o trabalhador cada vez mais descartável, substituível, assim como os produtos que adquire (similaridade entre o trabalho e produto). Aumenta também o nível do estranhamento e da alienação do empregado, na medida em que esse se vê cada vez mais afastado do modo de produção integral e da sua própria identidade.

São características desta modalidade estatal o reconhecimento da dignidade humana, o pós-positivismo, a criação dos direitos fundamentais da terceira geração, a constitucionalidade, a legalidade da administração pública, a proteção jurídica e das garantias processuais.

O Estado Democrático de Direito é aquele que reconhece as diferenças entre seus jurisdicionados e por isso cria diferença de tratamento para assim diminuir ou atenuar essas diferenças. Daí porque dizer que o centro convergente dessa modalidade estatal é o ser humano e que o poder emana do povo.

Quanto aos direitos fundamentais de terceira geração, ditos direitos coletivos *lato sensu*, abarcam três espécies, sendo elas: direitos difusos, coletivos *stricto sensu* e individuais homogêneos. Esses direitos têm como objetivo a proteção de pessoas indeterminadas, bem como de pessoas identificáveis que possuem uma causa em comum.

No Brasil, essas três espécies estão previstas no Código de Defesa do Consumidor. Os difusos são aqueles considerados transindividuais e indivisíveis, que pertencem a pessoas indeterminadas com o mesmo interesse devido a circunstâncias de um fato comum, conforme inciso I do parágrafo único do art. 81 do diploma mencionado. Os coletivos *stricto sensu* são pertinentes aos direitos transindividuais e indivisíveis, pertencendo a pessoas de determinado grupo, determinada categoria ou classe, tendo previsão legal no inciso II do parágrafo único do art. 81 do *codex* salientado. E os individuais homogêneos são aqueles direitos que têm uma origem comum cujos detentores são identificáveis, conforme inciso III do parágrafo único do art. 81 do Código de Defesa do Consumidor.

Para a efetivação dos direitos fundamentais da terceira geração foi criado um sistema de jurisdição civil denominado por alguns autores como microssistema de tutela dos direitos ou interesses coletivos.

Esse sistema (ou microssistema) de efetivação dos direitos coletivos é formado pela integração sistemática da Constituição da República de 1988, da Lei da Ação Popular, da Lei da Ação Civil Pública, do Código de Defesa do Consumidor e de forma subsidiária do Código de Processo Civil. Quanto à seara trabalhista, Carlos Henrique Bezerra Leite acrescenta a todos esses diplomas legais a Lei Orgânica do Ministério Público da União e a Consolidação das Leis do Trabalho, denominando essa junção como sistema de jurisdição trabalhista metaindividual.

Quanto aos direitos fundamentais, é importante destacar o princípio da *horizontalização*, vez que os direitos humanos da primeira, segunda e terceira gerações se completam para atingir um único objetivo: a proteção ao ser humano.

Uma das premissas para a criação dos direitos fundamentais da terceira geração foi o descumprimento massivo dos direitos fundamentais tanto da primeira como da segunda geração. Daí porque dizer que dentre os objetivos dos direitos fundamentais da terceira geração é proteção, efetivação dos direitos fundamentais que estavam sendo violados coletivamente.

Quanto ao tema, leciona o ministro do Tribunal Superior do Trabalho José Roberto Freire Pimenta: "Ao mesmo tempo, os direitos fundamentais da segunda geração (os direitos sociais) passaram a ser alvo de lesões repetitivas e continuadas nessas sociedades de massas, além de cada vez mais numerosas, a ponto de o seu descumprimento generalizado transcender ao interesse meramente individual de seus titulares para configurar um problema de extrema gravidade e de indiscutível relevância social — a falta de efetividade dos direitos fundamentais constitucionalmente prometidos, capaz de colocar em questão a seriedade dos compromissos das Constituições democráticas da atualidade com a justiça social e a própria democracia que elas declararam solenemente pretender concretizar".

Destarte, com os direitos humanos da terceira geração, a defesa pela luta dos direitos trabalhistas pode ser efetivada por intermédio de diversos mecanismos judiciais, com uma pluralidade de titularidade de ajuizamento. E no que tange à dispensa coletiva, ganha ainda mais destaque o uso dessas técnicas processuais, passíveis até de tutela inibitória, afinal, é uma questão que envolve direitos coletivos, sociais e até mesmo de interesse público.

Observando que compete ao Direito acompanhar a mudança da sociedade para assim realizar justiça, encontra-se implícito que os magistrados devem acompanhar as alternâncias sociais, ofertando aos jurisdicionados uma tutela jurisdicional interpretada constitucionalmente e sistematicamente.

Convém notar que o Direito do Trabalho e o Previdenciário foram conquistas dos trabalhadores e não mera concessão estatal. Tanto é assim que sua fonte material (revoltas, revoluções e movimentos sociais) é coletiva e não individual, e por isso sua perspectiva, sua prevalência, deve ser coletiva e não individual. Portanto o Direito do Trabalho é embrionariamente um Direito Coletivo, conquistado por meio de muitas lutas dos trabalhadores e dos sindicatos, de perdas, de idas e vindas, sendo fruto de muito sofrimento, e por isso, no ramo *justrabalhista*, proteger o Direito Coletivo é necessariamente fortalecer o Direito Individual.

6. A proteção contra a dispensa e o desemprego

Valorizar o trabalho não é somente ofertá-lo, mas também protegê-lo. Pouco ou nada adianta dar acesso ao emprego, e não dar condições de mantê-lo. Desemprego é sinal de subemprego — "o medo do desemprego gera o subemprego" — e de exclusão social. Rotatividade no emprego é reflexo de desvalorização e de precarização da mão de obra e, portanto, do ser humano.

O combate ao desemprego é uma tarefa das mais difíceis, pois o desemprego assombra a humanidade e deverá ser combatido pelas nações do mundo inteiro. No mundo globalizado, a crise em um país causa efeitos em diversos outros países e até mesmo em outros continentes, conforme recentemente ocorrido.

O país que valoriza o trabalho na forma da espécie relação de emprego, deve não apenas estimular o acesso do trabalhador ao emprego, mas também protegê-lo contra a dispensa arbitrária, tanto na dimensão individual como na coletiva. Assim estará proporcionando a todos os seus jurisdicionados uma segurança jurídica contra decisões desmotivadas e abusivas por parte do empregador.

Desproteger o trabalhador contra a dispensa arbitrária, tanto de forma individual como de maneira coletiva, é facilitar o desemprego (um problema mundial nos presentes dias), que por seu turno é ao mesmo tempo um fato gerador e uma consequência. É fato gerador porque gera o subemprego, e uma consequência porque é uma forma de exclusão social.

Sendo assim, o desemprego pode ser analogicamente comparado na mitologia, ao deus Jano, figura mítica que representada por duas cabeças, uma virada para frente e outra para trás, sugerindo uma vigilância constante, ou simbolizando sua sabedoria como conhecedor do passado e adivinho do futuro.

Quanto ao caráter de fato gerador do desemprego, pode ser resumido a uma simples dialética: "o medo de desemprego gera o subemprego".

O subemprego criado pelo desemprego deve ser visto por dois turnos: o primeiro ocorre quando o trabalhador desempregado aceita o subemprego por questões de necessidade (sobrevivência) — afinal, ou aceita ou morre de fome. O segundo turno tange ao subemprego criado no curso do contrato, através de alterações contratuais unilaterais e prejudiciais ao obreiro, que nada reclama com medo de ser dispensado arbitrariamente e assim se tornar mais um desempregado. A relação que no início era de emprego passa a ser de subemprego.

E o fato de o desemprego representar uma forma de exclusão social (consequência) também deve ser observado por duas perspectivas.

A primeira é que, quando ocorre uma dispensa arbitrária, o trabalhador não é afetado apenas patrimonialmente, mas, sim, socialmente, pois não irá mais exercer as práticas diárias que vinha exercendo, perdendo o contato com as pessoas com quem se relacionava e que passaram a fazer parte de sua vida, parte do seu dia a dia e do seu cotidiano. Com essa perda, até arrumar outro emprego, o trabalhador passa a viver à margem da sociedade e do Estado.

A outra perspectiva a ser observada do desemprego como exclusão social é quando o trabalhador que perdeu seu emprego, após passar um tempo desempregado, resolve então trabalhar no mercado informal e por conta própria, dentro daquele grupo de trabalhadores considerados como invisíveis, que não são enxergados pela sociedade no dia a dia e muito menos pelo Estado. São os ditos trabalhadores sem direitos! Dentre esses trabalhadores que são excluídos da sociedade e da proteção estatal destacam-se os catadores de latinha, as garotas de programa, os *hippies*, os artesãos, os vendedores de picolés, de cachorro-quente e hambúrguer, de balas e chicletes nos semáforos, de coco, de cerveja, os flanelinhas, os camelôs, os artistas de rua, os feirantes e comerciantes irregulares.

A proteção contra a dispensa arbitrária é uma tendência mundial, porquanto desproteger o ser humano e desvalorizar o emprego é facilitar o desemprego, que por seu turno é sinônimo de exclusão social e subemprego.

Conclusão

Após o presente estudo, percebe-se que o direito ao trabalho foi uma conquista universal do próprio homem consigo mesmo e com a sociedade, e analisado pela perspectiva humanística, é um direito humano de segunda geração. No Brasil, recebeu tratamento de nível constitucional, em especial na espécie relação de emprego, que é protegida contra a dispensa sem justa causa ou arbitrária. Porém essa proteção ocorre somente no plano individual, sendo que no âmbito coletivo nenhum tratamento recebeu até o presente.

Diante dessa omissão normativa, a jurisprudência brasileira vem apreciando a dispensa coletiva através do direito comparado, dos princípios gerais e da técnica do pós-positivismo, para que assim seus jurisdicionados recebam a devida tutela jurisdicional.

Sendo assim, já é pacífico o entendimento do controle judiciário nas dispensas coletivas, que podem inclusive ser declaradas como inválidas e ineficazes.

E assim foi criada pelo Tribunal Superior do Trabalho, no julgamento da ação trabalhista 0309/2009, a premissa de que uma dispensa coletiva deve obrigatoriamente ser precedida de uma negociação coletiva prévia, sujeita a pena de invalidade.

Por meio da criação dessa obrigatoriedade de negociação coletiva prévia, percebe-se que essa condição fornece ao empregado mais proteção na esfera coletiva do que na individual. Daí porque se pode denominar essa situação de (super) proteção, que vai ao encontro do próprio nascedouro do Direito do Trabalho, que é coletivo, conforme estudado ao longo deste artigo (um retorno às próprias origens).

Não se pode olvidar que tratar de proteção contra a dispensa é proteger a sociedade de um dos piores males que pode sofrer: o desemprego! O emprego e o desemprego são faces da mesma moeda, afinal, valorizar o emprego não é somente ofertá-lo, mas também protegê-lo. Pouco ou nada adianta dar acesso ao emprego, e não dar condições de mantê-lo, como já dissemos. Rotatividade no emprego é reflexo de desvalorização e de precarização da mão de obra, acarretando assim uma brutal e antidemocrática exclusão social.

E, justamente acompanhando as mudanças ocorridas no mundo contemporâneo, a jurisprudência brasileira criou esta premissa em comento (obrigatoriedade da negociação coletiva prévia na dispensa coletiva), demonstrando a evolução do Direito do Trabalho no Brasil, materializada por intermédio de seus magistrados diante das realidades socais, e assim protegendo toda a sociedade de um desgosto que recentemente vem assombrando diversas famílias: o desemprego massivo!

Referências bibliográficas

ALEMANHA. *Kundigungsschutzgesetz.*

_____. *Bertriebsverfassungsgesetz.*

_____. Lei de Fomento ao Emprego — AFG.

ANTUNES, Arnaldo. Se assim quiser. *Acústico MTV*, 2012.

ANTUNES, Ricardo. *O continente do labor*. São Paulo: Boitempo, 2011.

BARROS, Alice Monteiro de. *Curso de Direito do Trabalho*. 4. ed. rev. e amp. São Paulo: LTr, 2008.

BRASIL. Consolidação das Leis do Trabalho. 2012.

_____. Constituição da República Federativa do Brasil de 1988. 2012.

_____. Tribunal Superior do Trabalho, Acórdão n. 309/2009-000-15-00.4. Ac. SEDC, 10.8.09, rel. exmo. ministro Mauricio Godinho Delgado. *Revista LTr*, 73, n. 09, 2009.

CORREIA, Marcus Orione Gonçalves. Direito Constitucional do Trabalho – relações coletivas. *In:* CORREIA, Marcus Orione Gonçalves; SOUTO MAIOR, Jorge Luiz (Orgs.). *Curso de Direito do Trabalho:* Direito Coletivo do Trabalho. São Paulo: LTr, 2008.

ESPANHA. Ley del Estatuto de los Trabajadores.

HEGEL, Georg Wilhelm Friedrich. *A razão na história*. São Paulo: Editora Centauro, 2010.

LEITE, Carlos Henrique Bezerra. *Ação civil pública na perspectiva dos Direitos Humanos*. São Paulo: LTr, 2008

MARX, Karl. *Manuscritos econômico-filosóficos*. Tradução, apresentação e notas de Jesus Ranieri. São Paulo: Boitempo, 2010.

MINAS GERAIS. Tribunal Regional do Trabalho. Processo: n. 00308.2009.000.03.00-5 DC. Rel. Caio Luiz Vieira de Mello. *Diário Oficial*, 15 out. 2009.

NASCIMENTO, Amauri Mascaro. Crise Econômica, Despedimentos e Alternativas para a Manutenção dos Empregos. *Revista LTr*, ano 73, jan. 2009.

PAULA, Carlos Alberto Reis de. A imprescindibilidade da negociação para a realização da dispensa coletiva em face da Constituição de 1988. *In:* SANTOS, Jerônimo Jesus de (Coord.). *Temas Aplicados de Direito do Trabalho & Estudos de Direito Público*. São Paulo: LTr, 2012.

PIMENTA, José Roberto Freire. A tutela metaindividual dos direitos trabalhistas: uma exigência constitucional. *In:* PIMENTA, José Roberto Freire; BARROS, Juliana de Medeiros; FERNANDES, Nadia Soraggi (Coords.). *Tutela metaindividual trabalhista:* a defesa coletiva dos direitos dos trabalhadores em juízo. São Paulo: LTr, 2009.

PORTO, Lorena Vasconcelos. *La Disciplina dei Licenziamenti in Italia e nel Diritto Comparato:* uma Proposta per il Diritto del Lavoro in Brasile.

PORTUGAL. Código do Trabalho Português.

PUC-MINAS. Curso de Pós-Graduação em Direito Privado. Ênfase em Direito do Trabalho. Anotações de aulas (professor Márcio Túlio Viana).

RENAULT, Luiz Otávio Linhares. Que é isto — o direito do trabalho. *In:* PIMENTA, José Roberto Freire *et al.* (Coords.). *Direito do Trabalho:* evolução, crise, perspectiva. São Paulo: LTr, 2004.

RIO DE JANEIRO. Tribunal Regional do Trabalho. Processo: n. 00000019-68.2012.051.0022. Magistrada Cláudia Regina Reina Pinheiro. 1º.12.2012.

SANTO AGOSTINHO. *O livre-arbítrio*. São Paulo: Paulus, 2002.

Site do Tribunal Superior do Trabalho: <http://www.tst.jus.br/noticias/-/asset_publisher/89Dk/content/tst-declara-abusiva-demissao-coletiva-de-cerca-de-400-metalurgicos-na-bahia>. Acesso em: 14 fev. 2013.

SOUTO MAIOR, Jorge Luiz. *Curso de Direito do Trabalho:* teoria geral do direito do trabalho. vol. I, Parte 1. São Paulo: LTr, 2011.

SOUTO MAIOR, Jorge Luiz e CORREIA, Marcus Orione Gonçalves. O que é Direito Social? *In:* CORREIA, Marcus Orione Gonçalves (Org.). *Curso de Direito do Trabalho:* teoria geral do direito do trabalho. São Paulo: LTr, 2007.

SÜSSEKIND, Arnaldo. *Curso de Direito do Trabalho.* 3. ed. rev. e atual. Rio de Janeiro: Renovar, 2010.

TEODORO, Maria Cecília Máximo. *O juiz ativo e os direitos trabalhistas.* São Paulo: LTr, 2011.

VIANA, Márcio Túlio; PIMENTA, Raquel Betty de Castro. A proteção trabalhista contra os atos discriminatórios (análise da Lei n. 9.029/95). *In:* REANULT, Luiz Otávio Linhares; VIANA; Márcio Túlio; CANTELLI, Paula Oliveira (Coords.). *Discriminação.* 2. ed. São Paulo: LTr, 2010.

VIANA, Márcio Túlio. A proteção social do trabalhador no mundo globalizado. *In:* PIMENTA, José Roberto Freire *et al* (Coords.). *O Direito do Trabalho:* evolução, crise, perspectiva. São Paulo: LTr, 2004.

VILHENA, Paulo Emílio Ribeiro de. *Relação de emprego, estrutura legal e supostos.* São Paulo: LTr, 2005.

2. Os direitos fundamentais sociais: considerações sobre sua efetividade

Vitor Salino de Moura Eça e Janaína Alcântara Vilela

SUMÁRIO: 1. Introdução. 2. Direitos humanos e direitos fundamentais: tentativa de conceituá-los. 3. As dimensões dos direitos humanos. 4. Os direitos fundamentais sociais na Constituição Federal de 1988. 4.1. Eficácia dos direitos fundamentais sociais. 4.2. Efetivação judicial dos direitos fundamentais sociais. 4.3. Reserva do possível e do mínimo existencial. 5. Concretização dos direitos fundamentais sociais. Conclusão. Referências bibliográficas.

1. Introdução

Os direitos sociais são direitos fundamentais de segunda dimensão, tendo finalidade de garantir a existência humana digna, assim como a promoção da justiça social. Relacionam-se, por natureza, aos direitos da igualdade. O pleno exercício dos direitos sociais exprime a manifestação da liberdade, da igualdade e da dignidade da pessoa humana.

Pertence à categoria dos direitos humanos, apresentando proteção no sistema internacional. Assim, os direitos sociais são tutelados pela ordem constitucional, que consagra o Estado Democrático e Social de Direito, apregoado pela Constituição Federal de 1988.

No entanto, a realidade econômica e social em que se vive no Brasil ainda deixa muitos brasileiros à margem do gozo da cidadania. Isso porque não conseguem a necessária efetivação dos direitos sociais, que estão elencados na Carta Magna de 1988 e dizem respeito a todos os cidadãos brasileiros.

Diante disso, percebe-se que a pouca efetividade e a eficácia desses direitos constituem obstáculo fundamental para sua implementação, bem como a falta de realização de políticas públicas prioritárias e a tímida atuação do Poder Judiciário contribuem para que os direitos sociais não sejam realizados de forma eficaz na sociedade atual.

Dessa forma, propõe-se analisar os direitos fundamentais sociais, com o objetivo de apontar argumentos para fomentar a discussão e possíveis soluções para sua efetividade e concretização.

2. Direitos humanos e direitos fundamentais: tentativa de conceituá-los

Um conceito homogêneo acerca da diferenciação do que sejam direitos fundamentais e direitos humanos não é encontrado em nenhuma doutrina, tampouco há consenso entre os doutrinadores.

Todavia, Ingo Wolfgang Sarlet apresenta distinção para os termos. Denomina de direitos fundamentais "aqueles direitos do ser humano reconhecidos e positivados na esfera do direito constitucional positivo de determinado Estado", sendo os direitos humanos "os que guardariam relação com os documentos de direito internacional por referirem-se àquelas posições jurídicas que se reconhecem ao ser humano como tal, independente de sua vinculação com determinada ordem constitucional". (2011, p. 29).

A expressão "direitos fundamentais" foi cunhada pelo constituinte brasileiro inspirado na Lei Fundamental da Alemanha de 1949 e na Constituição Portuguesa de 1976. Com isso, rompeu-se com a tradição do direito constitucional positivo, uma vez que na Constituição de 1824 falava-se em "Garantias dos Direitos Civis e Políticos dos Cidadãos Brasileiros", ao passo que a Constituição de 1891 apenas continha a expressão "Declaração de Direitos". Foi somente com a Constituição de 1934 que se utilizou, pela primeira vez, a expressão "Direitos e Garantias Individuais". (DIMOULI; MARTIS, 2001, p. 13).

Entende-se então que os direitos humanos são inerentes a todo ser humano, em qualquer lugar, onde quer que esteja. Por isso são mais abrangentes. Enquanto os direitos fundamentais são aqueles que se encontram positivados em cada Estado. Vinculam-se, portanto, às pessoas que pertencem ou moram em determinado Estado. Obedecem à hierarquia jurídica e possuem caráter vinculante ao sistema jurídico do qual fazem parte.

O jurista hispânico Pérez Luño, segundo Sarlet, entende que o critério mais adequado para determinar a diferenciação entre direitos humanos e direitos fundamentais reside no critério da concreção positiva. Assim ensina:

> (...) o termo direitos humanos se revelou conceito de contornos mais amplos e imprecisos que a noção de direitos fundamentais, de tal sorte que estes possuem sentido mais preciso e restrito, na medida em que constituem o conjunto de direitos e liberdades institucionalmente reconhecidos e garantidos pelo direito positivo de determinado Estado, tratando-se, portanto, de direitos delimitados espacial e temporalmente, cuja denominação se deve ao seu caráter básico e fundamentador do sistema jurídico do Estado de Direitos. (SARLET *apud* LUÑO, 2011, p. 31).

A distinção entre os tais termos também pode partir de uma concepção jusnaturalista para os direitos humanos, visto que são direitos inerentes à própria condição e dignidade humana, enquanto os direitos fundamentais dizem respeito a uma perspectiva positivista. Fato é que os direitos humanos acabam se transformando em direitos fundamentais, sendo incorporados ao direito positivo dos Estados. Apenas desse modo adquirem hierarquia jurídica e força vinculante em relação aos demais poderes do Estado (SARLET, 2011, p. 32).

Entretanto, cumpre ressaltar que a efetividade de cada um dos termos é diferente. Ou seja, o grau de efetiva aplicação e proteção das normas consagradoras dos direitos fundamentais (direito interno) e dos direitos humanos (direito internacional) apresentam diferenças, segundo Sarlet (2011, p. 33). Para ele:

> Os direitos fundamentais — ao menos em regra — atingem (ou, pelo menos, estão em melhores condições para isto) o maior grau de efetivação, particularmente em face da existência de instâncias (especialmente as judiciárias) dotadas do poder de fazer respeitar e realizar estes direitos. (SARLET, 2011, p. 33)

Assim, os direitos humanos são inerentes à pessoa humana, reconhecidos como verdadeiros para todos os Estados e positivados nas diversas Convenções e nos Tratados Internacionais. No entanto, para serem efetivados, dependem da boa vontade e da cooperação dos Estados individualmente considerados, como ensina Ingo Sarlet (2011, p. 34).

Ademais, aqueles direitos humanos que não integram o rol dos direitos fundamentais de determinado Estado para terem eficácia jurídica e social dependerão da recepção da ordem interna desse Estado e do status jurídico que lhe será atribuído, sujeitos à pena da falta da necessária obrigatoriedade.

3. As dimensões dos direitos humanos

A classificação dos direitos humanos em gerações é criticada por ampla doutrina nacional e internacional, tendo em vista que o surgimento de novos direitos fundamentais ao longo da história e da evolução das sociedades apresenta caráter cumulativo. Assim, o termo "geração" encontra-se ultrapassado, posto que não expressa o significado de complementaridade, aglutinação de valores, podendo representar erroneamente o entendimento de substituição de uma geração por outra.

Dessa forma, é mais correto o uso do vocábulo "dimensões" para designar as várias etapas de expansão e aquisição de novos direitos fundamentais ao longo da evolução da sociedade no decorrer dos séculos da história.

Cumpre ainda esclarecer que as dimensões abordadas não são estanques e se comunicam, visto que uma não exclui a outra, diante do caráter de indivisibilidade e interdependência.

A primeira dimensão dos direitos humanos finca suas raízes na doutrina iluminista e jusnaturalista do século XVII e XVIII. Nessa época, vigia o pensamento liberal-burguês de cunho notadamente individualista. O Estado apresenta-se com a finalidade de preservar a liberdade do indivíduo. A primeira dimensão é caracterizada pelos direitos civis e políticos encontrados nos primeiros instrumentos constitucionais vigentes na época. Os direitos de primeira dimensão ou direitos da liberdade, como ensinado por Bonavides, "têm por titular o indivíduo, são oponíveis ao Estado, traduzem-se como faculdades ou atributos da pessoa e ostentam uma subjetividade que é seu traço mais característico" (BONAVIDES, 2011, p. 563).

Apresentam-se como direitos de cunho negativo, pois são dirigidos à prática da abstenção, ou seja, não intervenção do Estado, sendo considerados direitos de resistência ou de oposição, segundo Paulo Bonavides (2011, p. 564). São exemplos desses direitos de primeira dimensão o direito à vida, à liberdade, à igualdade, à propriedade, à liberdade de expressão, à reunião, ao culto, à associação e o direito de participação política.

A segunda dimensão dos direitos relaciona-se aos direitos sociais, culturais e econômicos. Esses direitos nasceram em meio à industrialização e aos graves problemas sociais e econômicos que permearam toda a doutrina socialista. Trouxeram reivindicações de direitos, por meio dos movimentos sociais em fins do século XIX e início do século XX.

A tônica desses direitos consiste em uma dimensão positiva. Ou seja, não se cuida mais de evitar a intervenção do Estado na esfera da liberdade individual, mas, sim, de propiciar um direito de participar do bem-estar social (LAFER, 1991, p. 126).

Assim, tais direitos de segunda dimensão têm como característica outorgar aos indivíduos direitos e prestações sociais estatais, como saúde, educação, trabalho, entre outros. A Constituição de Weimar de 1919 e a Constituição Mexicana de 1917 influenciaram de modo decisivo a positivação desses direitos nos instrumentos constitucionais que surgiram no pós-guerra.

Os direitos de segunda dimensão simbolizam o princípio da justiça social, como argumenta Sarlet, pois correspondem às reivindicações das classes menos favorecidas, ou seja, classes operárias, em virtude da extrema desigualdade que caracterizava as relações com a classe empregadora, detentora de maior poder econômico (2011, p. 48).

São exemplos desses direitos o direito à moradia, ao trabalho, à educação, os direitos trabalhistas, o direito à segurança social, à liberdade de sindicalização e de greve, entre outros.

A terceira dimensão dos direitos humanos é caracterizada pela fraternidade ou solidariedade. Cristalizaram-se em fins do século XX, sendo direitos que não se destinam especificamente à proteção dos interesses de um indivíduo. São voltados à proteção de grupos humanos, ao povo, sendo de titularidade coletiva ou difusa, como ensina Lafer (1991, p. 131).

Esses direitos relacionam-se com o direito à paz, à autodeterminação dos povos, ao desenvolvimento, ao meio ambiente e à qualidade de vida.

Surgiram graças às novas aspirações do ser humano e à constante evolução da sociedade. O impacto tecnológico e o processo de descolonização após a Segunda Guerra Mundial acarretaram reflexos na formação dessa terceira dimensão dos direitos humanos.

A titularidade nesta fase dos direitos pertence à coletividade, muitas vezes indefinida ou indeterminável, que reclama novas formas de garantia e proteção desses direitos. Percebe-se que a maior parte desses direitos tem íntima ligação com o princípio da dignidade da pessoa humana, pois é vinculada à ideia da liberdade e autonomia, assim como à proteção da vida e de outros bens fundamentais contra o Estado ou particulares, como salienta Sarlet (2011, p. 50).

Paulo Bonavides ainda defende a existência de uma quarta dimensão dos direitos humanos, que seria representada pelo direito à paz, à democracia, à informação e ao pluralismo. Para ele, esses direitos nascem do resultado da globalização dos direitos fundamentais. A globalização política na esfera da normatividade jurídica introduz tais direitos que correspondem à derradeira fase de institucionalização do Estado Social. Globalizar direitos fundamentais equivale a universalizá-los no campo institucional. Só assim aufere humanização e legitimidade (2011, p. 571).

Diante disso, a Declaração Universal dos Direitos Humanos em 1948 foi um marco decisivo para consagrar valores e princípios reconhecidos internacionalmente em todas as suas dimensões. A universalidade dos direitos fundamentais reconhecida pela ordem internacional os coloca em alto grau de juridicidade, concretude, positividade e eficácia. Assim, os direitos de liberdade, igualdade e fraternidade se fortalecem para melhor concretizá-los (BONAVIDES, 2011, p. 573).

4. Os direitos fundamentais sociais na Constituição Federal de 1988

A Constituição da República Federativa do Brasil de 1988 inovou ao tratar dos direitos fundamentais, uma vez que foram positivados na Carta de 1988, após o preâmbulo e os princípios constitucionais. Isso se traduziu em maior rigor lógico, posto que os direitos fundamentais constituíram parâmetro para interpretação hermenêutica e valores superiores de toda a ordem constitucional e jurídica.

O fato de os direitos fundamentais sociais terem capítulo próprio no catálogo dos direitos fundamentais indica o caráter incontestável da sua condição em autênticos direitos fundamentais, como ensina Sarlet (2011, p. 66).

Ademais, a introdução do § 1º do art. 5º da CF/88 também foi de significativa relevância, tendo em vista que as normas definidoras dos direitos e das garantias fundamentais possuem aplicabilidade imediata, em que pese a discussão doutrinária a respeito do alcance desse dispositivo. Assim, ficou reconhecido o caráter jurídico diferenciado e reforçado dos direitos fundamentais na Constituição de 1988.

Dessa forma, os direitos fundamentais sociais no direito constitucional pátrio é um conceito amplo, incluindo o direito a prestações e também o direito de defesa, conforme aduz Ingo Sarlet:

> Direitos Sociais, pelo menos no constitucionalismo pátrio, compõem um complexo amplo e multifacetado de posições jurídicas, de tal sorte que a denominação "direitos sociais" encontra sua razão de ser na circunstância — comum aos direitos sociais prestacionais e direitos sociais de defesa — de que todos consideram o ser humano na sua situação concreta na ordem comunitária (social), objetivando, em princípio, a criação e garantia de uma igualdade e liberdade material (real), seja por meio de determinadas prestações materiais e normativas, seja pela proteção e manutenção do equilíbrio das forças na esfera das relações trabalhistas. (SARLET, 2011, p. 146)

Assim, os direitos fundamentais sociais de defesa se dirigem a uma abstenção do Estado, implicando para esse um dever de respeito a determinados interesses individuais, por meio da omissão de ingerências. Enquanto os direitos fundamentais as prestações referem-se a uma postura ativa do Estado, no sentido de que se encontram obrigados a colocar à disposição dos indivíduos prestações de natureza jurídica e material (SARLET, 2011, p. 185).

Nota-se então que os direitos sociais buscam uma liberdade igual para todos, que somente pode ser encontrada com a superação das desigualdades. Wolkmer aduz que "os direitos sociais vinculam-se à necessidade de se assegurar as condições materiais mínimas para a sobrevivência e, além disso, para a garantia de uma existência com dignidade" (1994, p. 278).

Assim, diante de um Estado Social de Direito, os direitos fundamentais sociais constituem exigência inarredável do exercício das liberdades e garantias da igualdade, inerentes à noção de uma democracia e um Estado de Direito de conteúdo não meramente formal, mas, sim, guiado pelo valor da justiça material, conforme argumenta Schneider (SCHNEIDER *apud* SARLET, 2011, p. 62).

4.1. Eficácia dos direitos fundamentais sociais

Primeiro, para se falar em eficácia dos direitos fundamentais sociais, deve-se partir do exame do que seja eficácia e efetividade. Para isso, recorre-se ao dicionário. Assim, segundo Aurélio Buarque de Holanda Ferreira:

> Eficácia é qualidade ou propriedade de eficaz. Eficaz é o que produz o efeito desejado, eficiente. Já efetivo é o que produz efeito real, positivo. Permanente, fixo. (FERREIRA, 2009, p. 334)

Segundo o dicionário jurídico escrito por Leib Soibelman:

> Eficácia, derivado do latim *efficacia*, de *eficaz* (que tem virtude, que tem propriedade, que chega ao fim), compreende-se como a força ou poder

que possa ter um ato ou um fato, para produzir os desejados efeitos. Efetividade, derivado de efeitos, do latim *effectivus*, de *efficere* (executar, cumprir, satisfazer, acabar) indica a qualidade ou o caráter de tudo o que se mostra efetivo ou que está em atividade. Quer assim dizer o que está em vigência, está sendo cumprido ou está em atual exercício, ou seja, que está realizando os seus próprios efeitos. Opõe-se assim ao que está parado, ao que não tem efeito, ou não pode ser exercido ou executado. (SOIBELMAN, 1983, p. 142)

Dessa forma, tem-se que a efetividade da norma jurídica é a sintonia adequada entre as suas previsões genéricas, abstratas e impessoais e o fato social que ela se propõe a normatizar. Segundo Luís Roberto Barroso, "a efetividade ou eficácia social da norma significa a realização do Direito, o desempenho concreto de sua função social" (2010, p. 221). Enquanto a eficácia indica a possibilidade de qualquer norma de gerar efeitos.

Cumpre ainda trazer a questão da aplicabilidade das normas jurídicas dos direitos fundamentais. Isso porque o § 1º do art. 5º da CF/88 dispõe que: "As normas definidoras dos direitos e garantias fundamentais têm aplicação imediata." (BRASIL, 2010, p. 11) No entanto, tal dispositivo ainda é objeto de divergências doutrinárias quanto a sua aplicação, isto é, se aplicável a todos os direitos fundamentais ou somente aos direitos individuais e coletivos do art. 5º da CF/88.

Para resolver o impasse, alguns posicionamentos se formaram. Alguns, numa visão mais simplista, entendem que os direitos fundamentais alcançam sua eficácia nos termos e na medida da lei. Posição exposta por Manoel Gonçalves Ferreira Filho (1988, p. 35). Outros entendem que mesmo normas de cunho programático podem ensejar o gozo de direito individual, diante de sua aplicabilidade imediata. Posição defendida por Eros Grau (1997, p. 322).

Fato é que tal norma procurou evitar um esvaziamento dos direitos fundamentais, impedindo que se tornassem letra morta no texto da Constituição, como ensina Sarlet (2011, p. 264).

Uma interpretação literal do § 1º do art. 5º da Carta Magna de 1988 poderia supor que, diante da situação topográfica conferida a tal dispositivo, a norma refere-se somente aos direitos individuais e coletivos. No entanto a expressão constante do dispositivo aduz "direitos e garantias individuais", o que significa que engloba todo o rol de direitos e garantias individuais constante do Título II da CF/88. Significa dizer que todos os direitos fundamentais consagrados na Carta Magna estão inseridos na aplicação direta e imediata que informa o dispositivo citado. Não cabe, pois, falar em interpretação restritiva da norma em comento.

Além disso, como argumenta Sarlet, uma interpretação sistemática e teleológica conduzirá aos mesmos resultados (2011, p. 262). Ou seja, o legislador, ao introduzir o § 1º do art. 5º da CF/88, não pretendeu deixar de fora do sistema de aplicação imediata os direitos de nacionalidade, políticos e sociais, apenas conferindo eficácia aos direitos de liberdade.

Assim, o capítulo reservado aos direitos sociais presentes no art. 6º da CF/88 são entendidos pela doutrina pátria majoritária como integrantes dos direitos fundamentais, possuindo, por isso, eficácia e aplicabilidade imediata. O entendimento inclusive ultrapassa o contido apenas no art. 6º, incluindo como direitos fundamentais todos os constantes do art. 5º ao 17, além daqueles encontrados em outras áreas da Carta Magna e nos tratados internacionais, como aponta Sarlet (2011, p. 263).

4.2. Efetivação judicial dos direitos fundamentais sociais

Os direitos sociais se efetivam através de prestações, as quais requerem orçamento e dotações específicas. A Constituição Federal de 1988, ao tratar dos direitos fundamentais, não prevê tratamento diferenciado para os direitos prestacionais, ou seja, não há normas específicas na Carta Magna para aqueles direitos nos quais se exige uma atuação positiva do poder público. Assim, os §§ 1º e 2º da CF/88 incidem sobre os direitos de defesa e os direitos sociais prestacionais.

No entanto, permanece a pergunta: os direitos sociais são exigíveis perante o Judiciário? Nota-se que a atuação do juiz neste aspecto é complexa, haja vista que, se ele concede a efetivação de um direito social, não estaria interferindo na separação de poderes? Não estaria desempenhando função típica do Executivo?

Em que pese a corrente que sustenta que os direitos sociais não são verdadeiros direitos, mas, sim, meros programas de governo, uma vez que seus dispositivos constitucionais não definem de forma clara o responsável por sua efetivação. Seriam, pois, no ensinamento de Clèmerson Merlin Clève, "disposições dependentes de regulamentação, da atuação do legislador, sem as quais seriam inexigíveis" (2003, p. 155).

Todavia, partindo-se do pressuposto de que os direitos sociais são considerados direitos fundamentais, apresentam-se, portanto, com funções e dimensões dos direitos fundamentais.

Assim, entende-se por dimensão subjetiva a condição do titular do direito subjetivo de reclamar em juízo determinada ação (omissiva ou comissiva). Nas palavras de Dimitri Dimoulis e Leonardo Martins:

> Trata-se da dimensão ou da função clássica, uma vez que o seu conteúdo normativo refere-se ao direito de seu titular de resistir à intervenção estatal em sua esfera de liberdade individual. Essa dimensão tem um correspondente filosófico-teórico que é a teoria liberal dos direitos fundamentais, a qual concebe os direitos fundamentais do indivíduo de resistir à intervenção estatal em seus direitos. (DIMOULIS; MARTINS, 2011, p. 117)

A dimensão objetiva, por outro lado, significa, nas palavras de Clèmerson Clève, "o dever de respeito e compromisso dos poderes constituídos com os direitos fundamentais (vinculação)" (2003, p. 155).

"A dimensão objetiva", continua o autor, "vincula o Judiciário para reclamar uma hermenêutica respeitosa dos direitos fundamentais e das normas constitucionais, com o manejo daquilo que se convencionou chamar de filtragem constitucional, ou seja, a releitura de todo o direito infraconstitucional à luz dos preceitos constitucionais, designadamente dos direitos, princípios e objetivos fundamentais" (2003, p. 155).

Diante disso, percebe-se que os direitos prestacionais originários na sua dimensão subjetiva levam seus titulares a exigir em juízo a efetivação dos seus direitos subjetivos. Ainda que o Poder Público não tenha colocado o serviço à disposição do particular ou não tenha ainda lei regulando a matéria, ao particular é dado exigir perante o Judiciário a concretização do seu direito. São exemplos: o direito à educação e o direito à saúde.

Por seu turno, os direitos prestacionais secundários não se realizam sem a prévia regulamentação, isto é, sem a devida criação e existência de uma política, de um serviço ou de previsão no orçamento público.

Em ambos os casos, caberá então ao juiz verificar, na hipótese de omissão do Poder Público, se o direito pleiteado pelo particular é razoável e possível de atendimento pelo Estado.

Todavia cria-se o impasse: poderia o Judiciário atuar nesses casos para dar efetividade aos direitos sociais? Há forte corrente no sentido de que os integrantes do Judiciário não foram eleitos, então estariam, desse modo, despidos de legitimidade, que somente poderia ser suprida pelo sufrágio popular. Assim, os juízes, ao determinarem o modo de ser da atuação estatal, estariam infringindo o princípio da separação de poderes.

No entanto, para Clèmerson Merlin, "zelar pela observância dos direitos fundamentais significa, para o Judiciário, no exercício da jurisdição constitucional, proteger a maioria permanente (constituinte) contra a atuação desconforme da maioria eventual, conjuntural e temporária (legislatura)" (2003, p. 158).

Assim, é necessário que o Judiciário encontre um equilíbrio para lidar com tais situações, sendo imprescindível ao juiz que não ultrapasse os limites que coloquem em risco os postulados do Estado Democrático de Direito em prol da busca pela efetividade dos direitos fundamentais sociais.

4.3. Reserva do possível e do mínimo existencial

Os direitos fundamentais sociais não têm a finalidade de dar apenas o mínimo aos cidadãos. Eles possuem uma eficácia progressiva. Para isso, dependem de critério estatal e participação da sociedade.

Entende-se por "mínimo existencial", segundo Ana Paula Barcellos, "um conjunto de situações materiais indispensáveis à existência humana digna" (2002, p. 197). Continua a autora:

> Existência aí considerada não apenas como experiência física — a sobrevivência e a manutenção do corpo — mas também espiritual e intelectual, aspectos fundamentais em um Estado que se pretende, de um lado, democrático, demandando a participação dos indivíduos nas deliberações públicas, e, de outro lado, liberal, deixando a cargo de cada um seu próprio desenvolvimento. (BARCELLOS, 2002, p. 198)

Nota-se, portanto, que o mínimo existencial está associado ao princípio da dignidade da pessoa humana, haja vista que o Estado tem por obrigação cumprir os direitos sociais, respeitando o mínimo existencial. Isso decorre da eficácia positiva mínima dos direitos fundamentais sociais. Assim, cumpre ao juiz agir com cautela, ponderando os princípios e bens que atuam no caso concreto, analisando ainda a reserva do possível.

Para se definir o que seja esse mínimo devido ao indivíduo é necessário que o magistrado estude os princípios, bens e valores que estão elencados na Constituição e os conjugue com o caso em questão, obtendo uma decisão justa para o caso.

Clèmerson Clève ensina que:

> O que importa é o magistrado agir com determinação e cautela, ponderando os direitos, bens e princípios em jogo, estudando o campo do possível (reserva do possível), mas, ao mesmo tempo, considerando que o Estado democrático de direito está comprometido com o avanço e não com o retrocesso social (vedação ao retrocesso social).

No que concerne à reserva do possível, ela não pode ser entendida como obstáculo para a efetivação dos direitos sociais, mas, sim, deve ser estudada como parâmetro para que o magistrado aja com cuidado, prudência e responsabilidade ao realizar a atividade judicial.

Assim, a reserva do possível liga-se à possibilidade de se exigir do Estado o atendimento das necessidades mínimas sociais dos cidadãos.

Conforme leciona Ana Paula de Barcellos:

> A expressão reserva do possível procura identificar o fenômeno econômico da limitação dos recursos disponíveis diante das necessidades quase sempre infinitas a serem por eles supridas. (...) a reserva do possível significa que, para além das discussões jurídicas sobre o que se pode exigir judicialmente do Estado — e em última análise da sociedade, já que é esta que o sustenta —, é importante lembrar que há um limite de possibilidades materiais para esses direitos. (BARCELLOS, 2002, p. 236)

Dessa forma, é imprescindível observar se há verba pública para custear a despesa gerada pelo direito subjetivo pleiteado, uma vez que de nada adianta utilizar-se de refinada técnica hermenêutica ou de previsão normativa, caso o Estado não tenha condições econômicas reais de conceder os direitos prestacionais sociais.

5. Concretização dos direitos fundamentais sociais

A previsão dos direitos sociais na Constituição, bem como sua positivação na esfera infraconstitucional, não tem o poder de, por si só, promover a justiça social. A crise da efetividade dos direitos fundamentais em todas as suas dimensões está diretamente ligada à carência de recursos disponíveis para o atendimento das políticas sociais.

Assim, é imperioso potencializar os instrumentos processuais para a defesa dos direitos prestacionais na hipótese de inércia do Poder Judiciário, como enfatiza Clèmerson Merlin. Para o autor, além da ação direta de inconstitucionalidade por omissão, da arguição de preceito fundamental e do mandado de injunção, deve-se apostar em outros meios capazes de conceder a concretização dos direitos fundamentais sociais, tais como as ações coletivas, especialmente a ação civil pública (2003, p. 158).

Dessa forma, o Estado será capaz de resolver gradativamente os problemas enfrentados para execução dos direitos sociais, apregoados no documento constitucional.

Os serviços públicos constituem outro meio de concretização dos direitos fundamentais sociais, posto que correspondem às prestações materiais exigidas pelos cidadãos, para atendimentos de suas necessidades, que devem ser realizadas pelo Estado ou por quem lhes faça as vezes.

Os recursos públicos devem ser bem empregados e as políticas públicas implementadas de forma comedida de acordo com a realidade brasileira. Daí incumbe ao poder público consignar na peça orçamentária as dotações necessárias para a execução progressiva dos direitos. O que acontece na maioria das vezes é que o poder público não aplica verba necessária para a realização dos direitos sociais, relegando-os ao segundo plano.

Para se mudar este quadro é preciso um rígido controle de execução orçamentária, sendo necessário que a lei orçamentária, tal como aprovada pelo Congresso Nacional, seja cumprida (CLÈVE, 2003, p. 159). Desse modo, se a lei orçamentária é um programa de orçamento do governo, o seu cumprimento deve ser fiscalizado e controlado.

Por outro lado, não basta somente que o governo faça sua parte, é imperioso também que toda a sociedade participe dos processos de elaboração e controle da execução orçamentária. Desse modo, incumbirá a toda a sociedade civil, conforme ensina Clèmerson Clève, "consciente da singularidade dos direitos sociais, escolher a velocidade dos gastos, bem como proceder às escolhas dentro de um quadro de escassez de recursos" (2003, p. 159).

Ademais, a adoção de políticas públicas voltadas para a vinculação dos poderes públicos aos direitos fundamentais pode-se realizar judicialmente. Isso porque os direitos prestacionais ainda não regulamentados, ou seja, quando não originários e exigíveis desde logo, são passíveis de ação judicial para sua obtenção. Ou seja, é possível o manejo de ação judicial para se definir a política de prestação do direito social por parte do Estado, em prazo razoável, conforme disposto em documento constitucional.

Além disso, o Poder Judiciário deve ter maior consciência dos seus atos, uma vez que não apenas pode como deve zelar pela efetivação dos direitos fundamentais sociais. Todavia, deverá fazê-lo com máxima cautela e responsabilidade, seja ao conceder, ou não, um direito subjetivo a determinada prestação social, seja quando declarar a inconstitucionalidade de determinada medida restritiva de algum direito social (SARLET, 2011, p. 355).

Assim, todos os agentes políticos e órgãos estatais devem sempre ter a tarefa de minimizar o impacto da reserva do possível e maximizar os recursos.

Desse modo, por meio do planejamento estatal como sendo um processo realizado em parceria com a população, pode-se chegar a tal almejada justiça distributiva. Os recursos financeiros do Estado, que são escassos, devem ser utilizados com parcimônia na realização dos direitos sociais, através de serviços públicos prioritários, utilizados de forma eficiente e eficaz, que serão nominados pela própria sociedade. Assim, espera-se que seja alcançada a justiça social, preconizada pela Constituição Federal.

Conclusão

Insta observar que a diferenciação entre direitos humanos e direitos fundamentais não é pacífica na doutrina. Isso porque os primeiros expressam-se de modo mais amplo e estão dispostos em documentos internacionais, dotados de caráter universal e independente, enquanto os direitos fundamentais se caracterizam por estarem positivados na ordem interna dos Estados membros.

É importante esclarecer que ambos os termos não se excluem, ao contrário, comunicam-se e complementam-se. As expressões apenas cuidam de esferas distintas do ordenamento jurídico.

Os direitos sociais previstos na Carta Magna de 1988, entendidos como garantias alcançadas ao longo da história, nem sempre estiveram presentes nas Constituições anteriores. A incorporação gradativa desses direitos na ordem jurídica pátria tornou o rol de direitos sociais dinâmico e aberto.

A evolução das dimensões dos direitos humanos serviu para que tais direitos passassem a ser entendidos como universais, assim como reconhecidos mundialmente por meio da proclamação da Declaração Universal dos Direitos Humanos em 1948, pelas Nações Unidas.

Os direitos sociais, com a consagração do Estado Democrático e Social de Direito no ordenamento jurídico brasileiro, passaram a merecer uma tutela máxima e efetiva. Assim, a situação topográfica dos direitos fundamentais no corpo da Constituição estabeleceu critérios para a interpretação hermenêutica e constituiu valores para manifestação material da liberdade, igualdade e dignidade da pessoa humana.

Questão tormentosa liga-se à efetividade dos direitos sociais, posto que sua implementação dar-se-á através de políticas públicas e sociais efetivas. No entanto a realidade do país informa que a profunda desigualdade social em que se vive priva muitos brasileiros do gozo desses direitos fundamentais. Dessa forma, impõe-se ao Poder Público, no cumprimento de sua tarefa distributiva, a obrigação de promover a efetivação desses direitos sociais e, assim, neutralizar a desigualdade reinante no país.

A teoria da reserva do possível, por sua vez, sustenta que a eficácia das normas que regem esses direitos liga-se à conjuntura econômica do Estado. Assim, ocorrendo insuficiência de recursos financeiros, impossível se torna a realização dos direitos sociais. Não obstante, a teoria do mínimo existencial também retira a efetividade desses direitos, uma vez que argumenta caber ao Poder Público fornecer apenas o mínimo necessário para a existência digna da pessoa humana. Com isso, o entendimento do que seja esse mínimo gera perda dos direitos sociais para os cidadãos, além de contribuir para a inércia do Estado perante a promoção da realização dos direitos sociais.

Ademais, cumpre esclarecer que o Poder Judiciário pode e deve zelar pela implementação dos direitos sociais. O juiz, ao estudar um caso concreto, deve valer-se dos princípios e valores para julgar de modo adequado, tendo por mote o princípio da dignidade da pessoa humana.

Desse modo, é premente a adoção de políticas públicas necessárias e o estabelecimento de um planejamento orçamentário para que se possa realmente implementar os direitos sociais elencados na Carta Magna de 1988. Para isso é necessária a participação da sociedade civil, do Estado e do Judiciário na efetivação dos direitos fundamentais sociais, visto que somente dessa forma será possível garantir o pleno exercício da cidadania e a preservação da dignidade da pessoa humana, alcançando assim a almejada justiça social.

Referências bibliográficas

BARCELLOS, Ana Paula. *A eficácia dos princípios constitucionais:* o Princípio da Dignidade da Pessoa Humana. Rio de Janeiro: Renovar, 2002.

BARROSO, Luís Roberto. *Curso de Direito Constitucional Contemporâneo:* os conceitos fundamentais e a construção do novo modelo. 2. ed., São Paulo: Saraiva, 2010.

BONAVIDES, Paulo. *Curso de Direito Constitucional*. 26. ed. São Paulo: Malheiros, 2011.

BRASIL, Constituição da República Federativa do Brasil (1988). *Vade Mecum*, 9. ed. São Paulo: Saraiva, 2010.

CLÈVE, Clèmerson Merlin. A eficácia dos direitos fundamentais sociais. *Boletim Científico*, Brasília, Escola Superior do Ministério Público da União (ESMPU), ano II, n. 8, p. 151-161, jul./set. 2003.

DIMOULI, Dimitri; MARTINS, Leonardo. *Teoria geral dos direitos fundamentais*. 3. ed. São Paulo: Revista dos Tribunais, 2011.

FARIA, José Eduardo. *Direitos humanos, direitos sociais e justiça*. São Paulo: Malheiros, 2002.

FERREIRA. Aurélio Buarque de Holanda. *O Dicionário da Língua Portuguesa*. 7. ed. Curitiba: Positivo, 2008.

FERREIRA FILHO, Manoel Gonçalves. A aplicação imediata das normas definidoras de direitos e garantia fundamentais. *In: Revista da Procuradoria-Geral do Estado de São Paulo* (RPGESP), n. 29, 1988.

GRAU, Eros Roberto. *A ordem econômica na Constituição de 1988 (Interpretação e Crítica)*. 3. ed. São Paulo: Malheiros, 1997.

LAFER, Celso. *A reconstrução dos direitos humanos*. São Paulo: Cia. das Letras, 1991.

SARLET, Ingo Wolfgang. *A eficácia dos Direitos Fundamentais: uma teoria geral dos direitos fundamentais na perspectiva constitucional*. 10. ed. Porto Alegre: Livraria do Advogado, 2011.

SOIBELMAN, Leib. *Enciclopédia do advogado*. 4. ed. Rio de Janeiro: Editora Rio, 1983.

WOLKMER, Antônio Carlos. Direitos políticos, cidadania e teoria das necessidades. *In: Revista de Informação Legislativa*, n. 122, 1994.

3. A discriminação na fase de admissão ao emprego: a exigência de atestado de antecedentes criminais, civis, creditícios e similares

Vitor Salino de Moura Eça e Rúbia Zanotelli de Alvarenga

Sumário: Introdução. 1. A discriminação na fase de admissão ao emprego. 1.1. A exigência de atestado de antecedentes criminais. 1.2. A exigência de atestados de antecedentes civis, creditícios e similares. Conclusão. Referências bibliográficas.

Introdução

Este artigo traz à baila algumas práticas impróprias e ilícitas adotadas por empresas na sua relação de poder com os trabalhadores, na fase de admissão ao emprego. Trata-se da conduta discriminatória adotada pelo empregador com vistas a inviabilizar o acesso à relação de emprego porque o candidato a emprego é ex-infrator ou porque tem o seu nome registrado em instituições privadas de proteção ao crédito.

Ressalta-se, no presente trabalho, o caráter abusivo e violador da intimidade e da dignidade do trabalhador quando a empresa restringe o acesso à relação de trabalho, quando a função a ser exercida pelo candidato ao emprego não está relacionada com o delito praticado.

Defende-se, ainda, nesta oportunidade, o caráter discriminatório da pesquisa empresarial, relativa ao atestado de antecedentes creditícios, caso seja inserido como pressuposto à contratação trabalhista.

1. A discriminação na fase de admissão ao emprego

Apesar de todas as conquistas sociais do último século, alguns direitos básicos dos cidadãos carecem de uma base mais sólida para serem incorporados pela população em geral, pelas esferas do governo e pela iniciativa privada. Um desses direitos é a garantia do acesso livre ao trabalho sem discriminação.

Segundo Gurgel (2010, p. 61), a relação de trabalho é campo fértil para a discriminação. O tomador de serviços possui a faculdade de escolher o trabalhador que irá contratar para exercer atividades conforme sua orientação, de acordo com o seu *jus variandi*. Com isso, diversas pessoas são discriminadas antes de apresentarem suas qualidades essenciais ao cargo.

A fase pré-contratual é o momento no qual mais se presencia a discriminação nas relações de trabalho, em virtude da opção de escolha que o empregador possui em relação aos candidatos ao emprego que ocuparão o posto de trabalho ofertado.

Então "não há dúvida de que o princípio da igualdade, especialmente sua vertente negativa — não discriminação —, cerceia o direito de liberdade desenvolvida sob o prisma da autonomia da vontade das partes no Direito do Trabalho" (GURGEL, 2010, p. 61).

Segundo Nascimento (2009, p. 98), a proibição de discriminar "se aplica à relação de emprego em todo o seu contexto e abrange o contrato de trabalho em todas as fases, desde a pré-contratação, vigência até a sua extinção".

O procedimento da não discriminação é consectário do princípio da igualdade. O art. 3º, IV, da Constituição Federal de 1988 assinala que é objetivo fundamental da República Federativa do Brasil promover o bem de todos, sem preconceitos de origem, raça, sexo, cor, idade e quaisquer formas de discriminação.

Discriminação é o nome que se dá para conduta, ação ou omissão em que se estabelecem diferenças que violam o direito das pessoas com base em critérios ilegítimos e injustos, tais como a raça, o sexo, a idade, a opção religiosa e sexual, entre outros. Trata-se de um tipo de conduta que vai contra o princípio fundamental de justiça e liberdade.

De acordo com Britto (2004), discriminar significa:

> Distinguir negativamente, negativando o outro. É isolar, separar alguém para impor a esse alguém um conceito, uma opinião desfavorável por motivos puramente histórico-culturais, jamais lógicos, jamais racionais, por defecção, por distorção, por disfunção de mentalidade ao longo de um processo histórico cultural. E isso implica humilhação: humilhar o outro. E o humilhado se sente como que padecente de um déficit de cidadania, de dignidade, acuado pelo preconceito. O discriminado se sente como sub-raça ou subpovo ou subgente, falemos assim, sentindo-se desfalcado não do que ele tem, mas do que ele é. E a sua autoestima fica ao rés do chão.(BRITTO, 2004, p. 54)

No magistério de Delgado (2010, p. 42), o princípio da não discriminação compreende "a diretriz geral vedatória de tratamento diferenciado à pessoa em virtude de fator injustamente desqualificante".

Consoante Delgado (2010), discriminação, portanto, consiste:

> [...] na conduta pela qual se nega a alguém, em função de fator injus-
> tamente desqualificante, tratamento compatível com o padrão jurídico

assentado para a situação concreta vivenciada. O referido princípio nega validade a essa conduta discriminatória. (DELGADO, 2010, p. 43)

Relata também Delgado (2010):

> A causa da discriminação reside, muitas vezes, no cru preconceito, isto é, um juízo sedimentado desqualificador de uma pessoa em virtude de sua característica, determinada externamente, e identificadora de um grupo ou segmento mais amplo de indivíduos (cor, raça, sexo, nacionalidade, riqueza, pobreza, etc.).(DELGADO, 2010, p. 775)

É imperioso observar que a proteção antidiscriminatória nas relações de trabalho erigiu dos princípios da não discriminação e da igualdade, proclamados em diversos instrumentos normativos no âmbito nacional e internacional.

Segundo Delgado (2010, p. 776), o princípio da não discriminação representa princípio de proteção, de resistência, denegatório de conduta que se considera gravemente censurável. Portanto labora sobre um piso de civilidade que se considera mínimo para a convivência entre as pessoas.

É preciso pontuar, assim, que a justiça é o reconhecimento, a defesa e a promoção da dignidade fundamental do ser humano no Direito do Trabalho.

No decorrer do exercício do seu poder diretivo, portanto, o empregador possui a obrigação de não praticar atos discriminatórios que possam ferir os direitos fundamentais do trabalhador.

1.1. A exigência de atestado de antecedentes criminais

É sabido que o ex-infrator sofre muitas sequelas em consequência de sua condenação criminal. Os presídios não possuem nenhuma infraestrutura e há uma resistência por parte da sociedade e das empresas em participar do processo de reinserção desse cidadão no mercado formal de trabalho. Por isso, os detentos costumam sair da prisão com mais problemas do que tinham antes do encarceramento.

Segundo Pastore (2011):

> A disposição das empresas para contratar ex-detentos é muito pequena, mesmo se comparada com outros grupos de difícil colocação, caso dos portadores de deficiência. Neste, há preconceito. No caso de ex-detentos, há preconceito e medo. (PASTORE, 2011, p. 62)

Além disso, no Brasil, ainda não foram implementadas políticas públicas pelo Estado que sejam suficientes para propiciar a sua plena integração na vida social. O que foi desenvolvido até o momento, em termos de reinserção social do ex-infrator no mercado formal de trabalho, é o projeto "Começar de Novo", instituído pelo Conselho Nacional de Justiça em 2008.

Conforme Pastore (2011), percebe-se que, no Brasil,

> [...] domina o voluntariado, com raras exceções. Essa prática tem a vantagem de ser bem recebida pelos infratores, que veem na atitude dos voluntariados uma vontade genuína de ajudá-los a voltar à vida normal. Mas tem a desvantagem de sofrer descontinuidade e de operar em bases cientificamente limitadas. (PASTORE, 2011, p. 105)

De acordo com Pastore (2011, p. 11), a maioria dos cidadãos teme o convívio com ex-criminosos. Os egressos de presídios são geralmente vistos como pessoas não confiáveis. A resistência dos empregadores e da sociedade para reabsorver criminosos é enorme. As pessoas têm dificuldades para dar uma segunda chance a quem cometeu um delito. Ademais, os egressos dos presídios, na maioria dos casos, estão pouco preparados para entrar em uma empresa e se comportar de acordo com as regras.

Ainda consoante Pastore (2011, p. 12), é importante observar que "o trabalho produtivo é uma das medidas que mais ajudam os excluídos a reconstruir suas vidas".

De acordo com Válio (2006):

> O fato de o candidato ao emprego já ter sido condenado criminalmente não afasta a presunção de que é uma pessoa que possa executar seus serviços honestamente, com até maior qualidade e eficiência do que uma pessoa que nunca tenha adentrado, na vida, em uma delegacia de polícia. (VÁLIO, 2006, p. 76)

Conforme Pastore (2011, p. 74), pesquisas demonstram que os detentos que recebem treinamento em profissões e atividades contemporâneas (digitação, programação, bancos de dados, eletrônica, projetos etc.) tendem a conseguir empregos mais bem remunerados e neles permanecer por mais tempo, o que reduz drasticamente o risco de reincidência.

Sendo assim, segundo Pastore (2011):

> Quando um ex-detento não encontra formas de se sustentar, a probabilidade de reincidir é grande. A autoestima não é restabelecida, a vida fica sem atração, e a busca de um novo ilícito é tentadora. (PASTORE, 2011, p. 74)

Relata ainda Pastore (2011, p. 12) que, antes de serem condenados, os delinquentes, em sua maioria, vivem mergulhados em problemas pessoais, econômicos e sociais. O desajuste familiar e a falta de amor na infância e na adolescência são frequentes. O envolvimento com drogas acomete inúmeros infratores. Problemas de ordem mental também existem. O convívio com gangues e facções criminosas é sério agravante. O despreparo educacional e profissional é generalizado. Por isso, os ex-presidiários são duplamente deficientes, por carregarem problemas psicossociais complexos e por carecerem de instrução para o mundo do trabalho.

Portanto o trabalho de reinserção dos ex-infratores tem de reconstruir várias dimensões de suas vidas, quais sejam: educacional, profissional, comportamental e familiar.

Existem ações que podem trazer resultados positivos no processo de reinserção do ex-infrator ao mundo do trabalho.

Eis as sugestões de Pastore (2011):

> O atendimento das necessidades básicas nos primeiros dias de libertação (alimentação, moradia, higiene, locomoção etc.) revela-se crucial para evitar a reincidência e favorecer a recuperação. A oferta de emprego à altura das competências desses indivíduos é um passo realista. A preparação em profissões que se ajustam ao seu nível educacional ajuda na colocação e na permanência nos empregos. A satisfação no trabalho, assim como o apoio social e emocional, é elemento positivo nessa empreitada. Os egressos que recebem acompanhamento e aconselhamento durante os primeiros meses de trabalho têm mais chances de se recuperar. (PASTORE, 2011, p. 13)

Na visão de Pastore (2011, p. 12), por conseguinte, além da simples contratação, os ex-infratores necessitam de orientação. Isso inclui a observação cuidadosa dos seus relacionamentos sociais, inclusive com os familiares. Para os que possuem um bom convívio com a família e que participam de uma rede de contatos sociais que valorizam o trabalho, a probabilidade de o trabalho estável e prazeroso dar certo é bem maior.

Neste sentido, também consoante Pastore (2011):

> O estabelecimento de regras claras no ambiente de trabalho favorece a reinserção de ex-infratores. Seu conhecimento também pela companheira ou pelo companheiro é de fundamental importância, uma vez que estes exercem uma ação de enaltecimento do valor do trabalho. Todos precisam saber que nesse ambiente existem gratificações e exigências. (PASTORE, 2011, p. 13)

Portanto, ainda de acordo com Pastore (2011):

> A qualidade do emprego pesa na recuperação. Empregos de baixa satisfação competem com os grupos do crime, que, à sua moda, oferecem segurança, recompensa e autoestima para o egresso delinquir novamente. (PASTORE, 2011, p. 14)

Não obstante as ponderações de José Pastore, é preciso ressaltar que a intenção de ressocialização e recuperação do ex-detento por meio do trabalho e do emprego não autoriza que o empregador passe a se imiscuir na vida privada e familiar do ex-detento; tamanha intervenção privada não é compatível com a Constituição da República.

Para o ministro do Tribunal Superior do Trabalho Emmanoel Pereira, em decisão proferida em 2010, a pesquisa de antecedentes criminais relativa a candidatos a emprego revela-se discriminatória, configurando-se como verdadeiro abuso de poder e violação da sua intimidade:

RECURSO DE REVISTA. EMPRESA DE BANCO DE DADOS. OBTENÇÃO DE INFOR-MAÇÕES SOBRE ANTECEDENTES CRIMINAIS, TRABALHISTAS E CREDITÍCIAS RELATIVAS A EMPREGADOS OU CANDIDATOS A EMPREGO. DANO MORAL CO-LETIVO. I. Trata-se de discussão que envolve o direito de informação do empregador, diante da contratação pela empresa de serviços Innvestig, que vendia informações acerca de antecedentes criminais, trabalhistas e creditícias de candidatos a vagas de emprego *versus* o direito à intimidade. II. O constituinte de 1988, ao estabelecer um capítulo na Carta Magna dedicado exclusivamente aos Direitos e Deveres Individuais e Coletivos, em nenhum momento conferiu a qualquer deles um caráter absoluto. E, não tendo conferido nenhuma hierarquia entre os direitos fundamentais, a solução a ser utilizada é a ponderação de interesses. III. Observa-se, pois, que a pesquisa de antecedentes criminais, trabalhistas e creditícias relativa a empregados ou candidatos a emprego revela-se discriminatória, configurando-se como verdadeiro abuso de poder e violação da intimidade das pessoas, tendo em vista a constatação de que a obtenção das informações era realizada à revelia dos candidatos. IV. A Subseção I, Especializada em Dissídios Individuais, consagrou a tese de que, em se tratando de danos morais, e não materiais, a única prova que deve ser produzida é a do ato ilícito, se presentes os pressupostos legais para a caracterização da responsabilidade civil, quais sejam, a culpa e o nexo de causalidade, porquanto tal dano constitui, essencialmente, ofensa à dignidade humana (art. 1º, inciso III, da Constituição da República), sendo desnecessária a comprovação do resultado, porquanto o prejuízo é mero agravante do lesionamento íntimo. IV. Diante disso, tem-se que o ato da reclamada, ao contratar uma empresa para investigar os antecedentes criminais, trabalhistas e credi-tícios, viola o art. 5º, X, da Constituição Federal. Recurso de revista conhecido e provido. (BRASIL, 2010)

Não obstante a decisão acima consubstanciada, entende-se ser lícito ao em-pregador ter o direito à informação quanto aos antecedentes criminais do candidato ao emprego.

Isso tendo em vista, segundo Clesse e Bertrand citados por Baracat (2003, p. 232), que o direito à informação "corresponde à primeira manifestação da boa-fé no contrato de trabalho".

Cordeiro, citado por Baracat (2003, p. 232), atesta que "os deveres de informação adstringem as partes à prestação de todos os esclarecimentos necessários à conclusão honesta do contrato".

Para Válio (2006):

A busca de antecedentes criminais e civis, perante os distribuidores dos foros em geral, é permitida, desde que haja requerimento expresso por parte do interessado, sem a necessidade de autorização da pessoa que teve o seu nome consultado. (VÁLIO, 2006, p. 75)

De acordo com Baracat (2003):

> É perfeitamente lógico que o empregador tenha interesse nesta informação, partindo-se da concepção de que poderá haver reincidência dos atos delituosos no ambiente de trabalho. Não há de negar, todavia, o preconceito existente em relação àqueles que foram condenados por crimes. A dificuldade de reinserção destas pessoas demonstra esse fato. Não se pode, contudo, aceitar que as informações relativas a antecedentes criminais sejam utilizadas com caráter discriminatório. (BARACAT, 2003, p. 235)

Apesar disso, são necessários comprometimento e esforço social por parte dos empregadores, dos recrutadores, dos chefes, dos colegas de trabalho, assim como de seus familiares, no processo de elevação de ex-infratores durante a reinserção social no mercado formal de trabalho, de modo que eles sejam recuperados da exclusão social.

Novamente à luz do pensamento de Pastore (2011):

> O encarceramento, por si só, é insuficiente para a recuperação socioeducativa ou para a reintegração na vida em liberdade. A maioria dos egressos das prisões enfrenta situações muito aflitivas. Poucos são os que contam com recursos econômicos para as suas necessidades imediatas. Muitos não têm onde se abrigar e se alimentar nos primeiros dias de liberdade. Há casos em que falta dinheiro para tomar um ônibus e chegar a eventuais oportunidades de emprego. Estudos baseados em metodologias rigorosas mostram que o não atendimento dessas necessidades imediatistas constitui um dos principais desencadeantes da reincidência e da nova prisão. (PASTORE, 2011, p. 26)

Pastore (2011, p. 30) destaca ainda que estudos indicam que a reincidência diminui quando os egressos são apoiados por instituições especializadas, pois essas atuam na redução dos riscos sociais de um novo crime, ajudando os ex-infratores a se colocar no mercado de trabalho. Dados recentes informam que, no Brasil, a reincidência entre ex-infratores que trabalham cai de 70% (média nacional) para 48%. Os dados para o Estado de São Paulo mostram uma queda para 20%, quando os ex-detentos entram logo no trabalho e nele permanecem. Também em outros Estados a reincidência diminui entre ex-detentos que trabalham.

Neste sentido, conforme Pastore (2011):

> Ainda que a punição e o encarceramento sejam necessários para assegurar a proteção e a justiça, as sociedades modernas precisam ir além, fazendo o possível para reinserir os condenados no trabalho produtivo, tanto dentro como fora dos presídios. (PASTORE, 2011, p. 31)

Esse autor relata que o trabalho tem-se revelado como um dos fatores mais efetivos para reconstruir a dignidade da pessoa e para efetivar a sua reintegração na família e na sociedade. Isso vale para o período do cumprimento da pena como também para os tempos de liberdade.

Para que os antecedentes criminais não sejam obstáculo à contratação do ex--infrator e para que haja menor resistência das empresas quanto à sua contratação, é necessário que a função a ser exercida pelo candidato ao emprego não esteja relacionada ao delito praticado, sob pena de caracterizar em conduta discriminatória, prevista no art. 5º, inciso XLI, da Constituição Federal de 1988, que assim preceitua:

> Art. 5º Todos são iguais perante a lei, sem distinção de qualquer natureza, garantindo-se aos brasileiros e aos estrangeiros residentes no País a inviolabilidade do direito à vida, à liberdade, à igualdade, à segurança e à propriedade, nos termos seguintes:
>
> [...]
>
> XLI – a lei punirá qualquer discriminação atentatória dos direitos e liberdades fundamentais.

Refere-se, por exemplo, a um candidato ao emprego que concorre a uma vaga na função de motorista já tendo várias condenações relativas ao trânsito.

Assim se manifesta Moreira, citado por Leite e Rios (2008):

> Deve-se analisar o tipo da tarefa que o trabalhador irá realizar e a própria natureza da empresa, podendo apenas solicitar os antecedentes que tenham uma estreita conexão com a função a ser desempenhada. Aspectos não relacionados a essa função não influenciam a capacidade profissional. Apesar disso não se pode determinar ao empregador não questionar o candidato sobre esse assunto. Pode-se aceitar que, em casos muito especiais, seja solicitada certidão negativa de antecedentes criminais, desde que indicado o fim e demonstrado o legítimo interesse. (MOREIRA *apud* LEITE; RIOS, 2008, p. 208)

Alberto Luiz Bresciani de Fontan Pereira, ministro do TST, em decisão proferida em 2011, entende que a consulta a antecedentes criminais não caracteriza discriminação, quando tal providência guarda pertinência com as condições objetivamente exigíveis para o trabalho oferecido ao candidato ao emprego:

> I. RECURSOS DE REVISTA DAS RECLAMADAS MOBITEL S/A E VIVO S/A. DANO MORAL. EXIGÊNCIA DE EXIBIÇÃO DE CERTIDÃO DE ANTECEDENTES CRIMINAIS. AUSÊNCIA DE SITUAÇÃO QUE A RECLAME PELA NATUREZA DO EMPREGO E DAS ATIVIDADES. PRÁTICA DISCRIMINATÓRIA. LEI N. 9.029/95. PRINCÍPIO DA ISONOMIA. OFENSA À DIGNIDADE DA PESSOA HUMANA. VIOLAÇÃO DE INTIMIDADE, VIDA PRIVADA E HONRA. CONSTITUIÇÃO FEDERAL, ART. 1º, III, E 5º, X. A Constituição Federal fixa a dignidade da pessoa humana como fundamento da República (art. 1º, inciso III), ao mesmo tempo proclamando a igualdade jurídica (art. 5º, *caput*) e dizendo invioláveis a intimidade, a vida privada, a honra e a imagem das pessoas, assegurado o direito à indenização pelo dano material ou moral decorrente de sua violação (art. 5º, X). Trazendo a relação de emprego a tal ambiente, a Lei n. 9.029, de 13 de abril de 1995, veda a adoção de qualquer prática discriminatória e limitativa para efeito de acesso à relação de emprego, ou sua manutenção, por motivo de sexo, origem, raça, cor, estado civil, situação familiar

ou idade, ressalvadas, nestes casos, as hipóteses de proteção ao menor, previstas no inciso XXXIII do art. 7º da Constituição Federal (art. 1º). Embora o preceito não alcance, em sua enumeração, a situação em foco, pode-se entrever, no seu claro intuito, a efetividade dos princípios e garantias constitucionais que protegem contra a discriminação e valorizam a intimidade, vida privada e honra dos trabalhadores, assim autorizada a sua evocação, mesmo que a título de analogia (CLT, art. 8º). A relação de emprego em exame, destinada ao teleatendimento de clientes, não alcança padrão suficiente a reclamar tratamento diferenciado àqueles que a postulam, escapando de possíveis casos em que tal se justifique, dentro de padrões de razoabilidade. *Ao exigir a oferta de certidão de antecedentes criminais, sem que tal providência guarde pertinência com as condições objetivamente exigíveis para o trabalho oferecido, o empregador põe em dúvida a honestidade do candidato ao trabalho, vilipendiando a sua dignidade e desafiando seu direito ao resguardo da intimidade, vida privada e honra, valores constitucionais.* A atitude ainda erige ato discriminatório, assim reunindo as condições necessárias ao deferimento de indenização por danos morais, esta fixada dentro de absoluta adequação. Recursos de revista não conhecidos. II – RECURSO DE REVISTA DA RECLAMADA VIVO S/A. 1. RESPONSABILIDADE SUBSIDIÁRIA. ALCANCE. EMPRESA TOMADORA DOS SERVIÇOS. SÚMULA N. 331, IV, DO TST. A empresa tomadora de serviços tem responsabilidade subsidiária pelas obrigações trabalhistas não adimplidas pela empresa prestadora (Inteligência da Súmula n. 331, item IV, do TST). Recurso de revista não conhecido. (BRASIL, 2011, grifo nosso)

Portanto a investigação acerca dos antecedentes criminais é pertinente e não contrária à intimidade do empregado, *quando a eventual conduta criminal tiver qualquer relação com a função a ser exercida no cargo ofertado.*

A legislação trabalhista brasileira prevê duas hipóteses em que o empregador pode exigir a apresentação de atestado de bons antecedentes.

A primeira hipótese é regida pelo art. 16, VI, e pelo art. 17 da Lei n. 7.102/83, que assim menciona, respectivamente:

Art. 16. Para o exercício da profissão, o vigilante preencherá os seguintes requisitos:

I – ser brasileiro;

II – ter idade mínima de 21 (vinte e um) anos;

III – ter instrução correspondente à quarta série do primeiro grau;

IV – ter sido aprovado em curso de formação de vigilante, realizado em estabelecimento com funcionamento autorizado nos termos desta lei;

V – ter sido aprovado em exame de saúde física, mental e psicotécnico;

VI – *não ter antecedentes criminais registrados;* e

VII – estar quite com as obrigações eleitorais e militares.

Parágrafo único. O requisito previsto no inciso III deste artigo não se aplica aos vigilantes admitidos até a publicação da presente Lei.

Art. 17. *O exercício da profissão de vigilante requer prévio registro no Departamento de Polícia Federal, que se fará após a apresentação dos documentos comprobatórios das situações enumeradas no art. 16.* (grifos nossos)

Vale destacar que o art. 12 dessa mesma lei exige que nas empresas de vigilância todos os diretores e demais empregados também não tenham antecedentes criminais registrados:

> Art. 12. Os diretores e demais empregados das empresas especializadas não poderão ter antecedentes criminais registrados.

A segunda hipótese é a regida pelo inciso II do art. 2º da Lei n. 5.859/72, que assim se manifesta:

> Art. 2º Para admissão ao emprego deverá o empregado doméstico apresentar:
>
> I – Carteira de Trabalho e Previdência Social;
>
> II – Atestado de boa conduta;
>
> III – Atestado de saúde, a critério do empregador.

Para Gosdal (2003, p. 126), apenas nas situações elencadas nas Leis ns. 7.102/83 e n. 5.859/74 será possível haver a pesquisa de antecedentes criminais e, por consequência, a sua não contratação, caso seja verificada a ocorrência de ato criminoso já praticado pelo candidato ao emprego.

Da seguinte forma analisa Gosdal (2003):

> No caso dos vigilantes, a Lei n. 7.102/83 estabelece no art. 16, inciso VI, como requisito a inexistência de antecedentes criminais para o exercício da profissão. O vigilante realiza atividade de segurança e transporte de valores, tendo inclusive o porte de arma, o que faz com que a exigência não seja, neste caso, discriminatória. Com respeito ao empregado doméstico, a Lei n. 5.859/72 estabelece no art. 2º, inciso II, o atestado de boa conduta como documento que deverá o empregado apresentar para a admissão. O trabalhador doméstico é aquele que presta serviços à pessoa ou família no âmbito residencial desta, o que torna razoável a exigência legal.(GOSDAL, 2003, p. 125)

E continua Gosdal (2003):

> Deixar de contratar o candidato a emprego por constar da folha de antecedentes que contra ele há ou houve inquérito policial, ou ação penal em curso, é atentar contra o princípio da presunção da inocência, pois o mesmo é descartado de imediato, ainda que não seja ao final criminalmente responsabilizado. (GOSDAL, 2003, p. 127)

Sendo assim, Gosdal (2003, p. 128) assevera que buscar informação acerca da existência de antecedentes criminais de candidato a emprego sem o seu conhecimento, sem a sua autorização e sem a ciência de que tal informação condiciona sua admissão é violar o princípio da boa-fé objetiva. Para a autora, constitui verdadeira violência aos direitos fundamentais do candidato a emprego a busca dessa informação por empresa interposta sem o conhecimento ou a autorização do trabalhador.

A autora ainda destaca que o candidato a emprego também pode violar o dever lateral de informação decorrente da boa-fé objetiva quando, possuindo mandado de prisão em aberto — o que impediria a formação do vínculo laboral por impossibilidade da prestação do trabalho —, deixar de informar o fato ao futuro empregador.

Viana (2009), por sua vez, entende que a constitucionalidade dessas leis é discutível. E acrescenta: "Mas, ainda que assim não se entenda, o simples fato de haver previsão em casos específicos já sinaliza no sentido de que, nos casos gerais, a solução terá de ser diferente."

Ainda concorde assinala Viana (2009):

> Em matéria penal, todo cidadão é inocente, até prova em contrário. Desse modo, a não contratação pode ser vista como discriminatória. O próprio empregador prejulga o indiciado ou o réu e condena-o inapelavelmente a uma pena não prevista de modo formal. (VIANA, 2009)

Também destaca Viana (2009) que a contratação de um empregado sempre envolve um risco que a CLT atribui ao empregador em seu art. 2º:

> É verdade que a contratação de um trabalhador nessa situação implica algum risco à empresa. Mas esse risco não será maior do que os outros que a empresa corre diariamente, como o de um concorrente baixar os preços, um fornecedor se atrasar na entrega ou um cliente denunciá-la ao Procon. E este risco é muito mais justificável do que qualquer outro, já que, na outra ponta da linha, há uma pessoa em situação ainda mais perigosa; e não só a Constituição declara a "função social da propriedade", como o novo Código Civil apregoa a "função social do contrato". (VIANA, 2009)

Meireles (2005, p. 192), em sentido contrário à visão de Viana (2009) quanto à constitucionalidade das Leis ns. 7.102/83 e n. 5.859/74, entende que as duas hipóteses são carregadas de características próprias que justificam a restrição ao direito à proteção da vida privada.

Meireles (2005, p. 192) pondera que, em relação ao doméstico, é preciso enfatizar que esse prestará serviço na residência de outrem. É razoável, assim, que se exija desse trabalhador um atestado de boa conduta, por estarem-se abrindo as portas para uma pessoa nunca antes vista pelo empregador. Já em relação ao vigilante, trata-se de um serviço que exige conduta idônea, por isso é de se exigir que não tenha antecedentes criminais, mesmo porque o egresso poderá exercer outras profissões, tendo oportunidade de se reinserir na sociedade.

Contudo Meireles (2005) destaca que é preciso dar uma interpretação razoável à lei nessa hipótese, visto que:

> Existem inúmeros tipos de ilícitos penais que, ao certo, não tornam a pessoa inidônea ao exercício da profissão de vigilante. Da mesma forma,

outros delitos cometidos em certas circunstâncias também não conduzem à inidoneidade da pessoa para exercício da referida profissão. Imaginamos, por exemplo, o crime de adultério, a prática da contravenção que proíbe o jogo do bicho, os crimes contra animais e, ainda, o homicídio culposo (por atropelo) etc. Será que em todas essas hipóteses, tendo a pessoa antecedentes criminais registrados, pode-se afirmar que ela se tornou inábil ao exercício da profissão de vigilante? Ao certo que não. (MEIRELES, E., 2005, p. 193)

Então, para Meireles (2005, p. 193), a lei, em verdade, quis afastar do exercício da profissão os que praticaram crimes contra o patrimônio, crimes dolosos contra a pessoa, crimes contra os costumes e outros relacionados a atos que o vigilante deva reprimir, ou que lhe fosse exigível comportamento contrário ao tipo penal (peculato, concussão, corrupção, contrabando, desobediência etc.).

Ainda destaca Meireles (2005, p. 193) que a lei, de modo geral, não impõe qualquer vedação ao exercício da função em virtude dos antecedentes criminais. Sendo assim, não pode a empresa fazer qualquer pesquisa sobre ocorrência criminal, pois ficaria sujeita à pena de violação a direito fundamental, porque estaria agindo em abuso do direito. Ademais, se a lei exige apenas o atestado de bons antecedentes aos vigilantes e aos domésticos é porque, nas demais hipóteses, a conduta deve ser outra.

Entretanto, no presente texto, não se adota a visão traçada por Theresa Cristina Gosdal (2003), Márcio Tulio Viana (2009) e Edilton Meireles (2005).

Defende-se aqui o fato inconteste de existirem determinadas profissões em que a consulta ou mesmo a exigência de bons antecedentes criminais torna-se pré--requisito à contratação por essas requererem do candidato ao emprego uma conduta ilibada para o exercício da função a ser desempenhada. Trata-se, por exemplo, da função de professora de educação infantil. É mais do que razoável averiguar se a pessoa candidata ao emprego possui antecedentes criminais relacionados ao crime de pedofilia. O mesmo se diga de entidade financeira que rejeita candidato a emprego por esse ter praticado o crime de estelionato.

Eis que aqui se segue, portanto, o pensamento de Coelho (2007):

> A contratação de vigilantes, vigias, pessoas que irão exercer cargos de responsabilidade de cuidado com patrimônio, deve ser precedida de verificação de antecedentes. Pessoas que cuidam de crianças, ou mesmo de adolescentes, devem ser submetidas a testes ou investigações para verificação de aptidão para a função, antecedentes, referências. Trata--se de procedimento normal, usual e aceitável, no sentido do julgado. (COELHO, 2007, p. 62, grifo nosso)

Nos casos mencionados, poderá haver a restrição quanto ao acesso à relação de emprego por motivos de antecedentes criminais mesmo que não tenha havido ainda o trânsito em julgado da sentença penal condenatória (art. 5º, LVII, CF/88).

De tal modo, em decorrência do dever de informação que norteia a fase pré--contratual, entende-se ser possível a verificação da vida pregressa de trabalhador que concorre à vaga de emprego quando as funções a serem exercidas por ele exigirem um passado livre de incidentes. Trata-se do exemplo do trabalhador que irá exercer a função de vigilante, do trabalhador doméstico e daquelas outras funções que guardam conexão direta com a conduta delituosa praticada pelo candidato ao emprego, o que, evidentemente, coloca em desproporcional risco o contratante.

Portanto mostra-se mais do que razoável a verificação de antecedentes criminais para o exercício de determinadas funções, como demonstra a decisão relatada pelo ministro do TST João Batista Brito Pereira adiante transcrita:

AÇÃO CIVIL PÚBLICA. OBRIGAÇÃO DE NÃO FAZER. EMPRESA DE BANCO DE DADOS. OBTENÇÃO DE INFORMAÇÕES PESSOAIS DOS CANDIDATOS A EMPREGO. DANO MORAL COLETIVO NÃO CONFIGURADO. 1. A controvérsia diz respeito à exigência de informações pessoais dos candidatos a emprego. O Tribunal Regional reformou em parte a sentença, a fim de excluir da condenação a determinação para que a reclamada se abstenha de exigir de empregados e candidatos a empregos em seus quadros certidões ou atestados de antecedentes criminais e excluir da condenação o pagamento de indenização por danos morais coletivos. 2. Assinalou o Tribunal que não se pode negar o direito da ré de obter informações acerca dos antecedentes criminais de candidatos a emprego. A empresa não pode ser surpreendida por um ato ilícito de seu empregado quando podia ter se precavido neste sentido. Esclareceu, ainda, que a reclamada tem interesse no acesso às informações criminais, porquanto seus empregados têm acesso ao interior das residências de clientes *em razão de sua atividade estar ligada à instalação de linhas telefônicas. Parece, pois, razoável que a ré tenha restrição quanto à eventual contratação de um candidato à vaga de instalador que tenha em seus antecedentes criminais registro de condenação por furto (art. 155 do CP).* A meu juízo, o Tribunal conferiu interpretação razoável às normas legais pertinentes, o que atrai o óbice da Súmula n. 221, II, desta Corte. Por essa razão tenho por inútil a arguição de violação às disposições legais e constitucionais mencionadas. Recurso de Revista de que não se conhece. (BRASIL, 2010, grifo nosso)

É imperioso observar que o Conselho Nacional de Justiça, reconhecido como órgão de controle externo do Poder Judiciário, definiu uma política pública permanente em relação ao problema do egresso. O marco dessa política está na Resolução n. 96/2009, que implementou o Projeto "Começar de Novo" no âmbito do Poder Judiciário, com o objetivo principal de reinserir socialmente o egresso do sistema carcerário no mercado formal de trabalho.

A implantação desse projeto conta com a participação da *Rede de Reinserção Social*, formada por todos os órgãos do Poder Judiciário e pelas entidades públicas e privadas — inclusive patronatos, conselhos de comunidades, universidades e instituições de ensino fundamental, médio e técnico-profissionalizante.

Os Tribunais de Justiça deverão celebrar parcerias com tais instituições. E todas as Cortes Judiciárias, tenham ou não competência criminal, poderão promover ações de reinserção, sobretudo no tocante à contratação de presos, egressos e cumpridores de medidas e de penas alternativas.

Além disso, o Conselho Nacional de Justiça criou e disponibilizou em seu *site* o portal "Oportunidades do Projeto Começar de Novo", que oferece várias funcionalidades. Entre elas, o cadastramento das entidades integrantes da Rede de Reinserção Social, a relação de cursos, as ofertas de emprego, os estágios e o contato com entidades cadastradas e aceitas em cada Estado e Comarca.

Previu-se, também, a formação de grupos de monitoramento e de fiscalização do sistema carcerário, com finalidades múltiplas para a concretização do Projeto, a cargo de cada Tribunal de Justiça. Essas Cortes deverão diligenciar para que os conselhos de comunidades sejam efetivamente instalados e funcionem regularmente.

Com a referida resolução, o Conselho Nacional de Justiça consolidou a orientação prevista na Recomendação n. 21/2008, que sugeriu aos Tribunais de Justiça a celebração de termos de cooperação técnica, a exemplo do celebrado entre o CNJ e o SENAI, em relação à qualificação profissional de presos e egressos do sistema prisional.

Como se vê, o Projeto "Começar de Novo" investe no papel político do Poder Judiciário, ao atribuir aos Tribunais de Justiça, além da função julgadora, a iniciativa em termos de políticas públicas.

Conforme Pastore (2011), com tal estratégia, o Projeto "Começar de Novo":

> Visa estimular o maior número de empresas a contratar detentos e ex--detentos, depositando grande esperança no trabalho produtivo como meio de recuperação dos criminosos. Os Tribunais de Justiça terão a importante responsabilidade de supervisionar o encaminhamento dos egressos às empresas privadas. (PASTORE, 2011, p. 58)

1.2. A exigência de atestados de antecedentes civis, creditícios e similares

No que diz respeito à pesquisa empresarial relativa a atestados de antecedentes civis (ações cíveis e protestos, por exemplo), atestados de antecedentes creditícios (SPC e SERASA, por exemplo) e a outras pesquisas similares, não pode haver dúvida sobre seu caráter discriminatório, caso sejam inseridos como pressuposto à contratação trabalhista.

A jurisprudência não tem ainda posição inteiramente pacífica a esse respeito, havendo até mesmo decisões que não enxergam essa dimensão discriminatória.

Não obstante a falta de pacificação dos tribunais quanto a esse tema, está claro que a criação de tal requisito para a inserção do trabalhador no mercado de trabalho é manifestamente discriminatória, por ser exigência que não consta da ordem jurídica às contratações trabalhistas, sendo abuso de direito empresarial. A Constituição, como se sabe, proíbe qualquer forma de discriminação (art. 3º, IV, *in fine*, e art. 5º, XLI, CF/88), sendo abusiva a restrição do mercado de trabalho ao indivíduo por conta de fatores que evidenciam sua debilidade econômico-financeira.

A guisa de encerramento, pode-se estabelecer a seguinte diferenciação quanto a esse aspecto relativo à pesquisa de informações pregressas sobre os trabalhadores. Tratando-se de dados fornecidos por entidades privadas e de notório substrato econômico (SPC, SERASA e congêneres), além de certidões meramente civis, a coleta de tais informações é abusiva, regra geral, configurando discriminação (art. 3º, IV, *in fine*, CF/88): Afinal, como relata Viana (2009) em frase mencionada por um trabalhador em noticiário da TV: "Como é que a gente paga as dívidas, se não pode trabalhar?".

Tratando-se, porém, de dados oficiais, públicos, decorrentes de processos judiciais relativos a crimes cometidos por pessoas, o direito à informação sobre tais dados é mais amplo do que no caso correspondente. É que o *direito à informação* é também direito constitucional fundamental (art. 5º, XIV: "é assegurado a todos o acesso à informação e resguardado o sigilo da fonte, quando necessário ao exercício profissional", CF/88), sendo o fornecimento de informações públicas *dever do Estado* (art. 5º, XXXIII, CF), tudo em contexto de ser a *segurança* também direito fundamental constitucionalmente (Preâmbulo da Constituição; art. 5º, *caput*, CF).

Por essa razão, desponta neste quadro, no mínimo, uma colisão de valores, princípios e regras que têm de conduzir, com proporcionalidade (CF/88), a certa ponderação e adequação de diretrizes jurídicas.

Desse modo, pode-se dizer que o acesso a tais informações processuais criminais será válido nas seguintes situações: a) quando explicitamente já tiver sido enfatizado por lei, como nos casos dos *contratos de serviços domésticos* e de *serviços de vigilância*; b) quando envolver contraposição lógica e relevante de condutas, ou seja, a conduta ilícita configurada no tipo criminal processado e a essência da conduta laborativa inerente ao contrato de trabalho (ilustrativamente, condenação por agressões físicas, maus-tratos e outras formas de violência em contraponto à função de *cuidador* de idosos em asilos); c) quando outras informações criminais, em face do caso concreto e das circunstâncias empregatícias envolvidas, demonstrem não ter ocorrido abuso de prerrogativas empresariais, mas exercício moderado, prudente, razoável e proporcional do poder empregatício e do direito à informação pública.

Não se nega nem se diminui o dever do Estado de conciliar políticas públicas para a ressocialização dos egressos do sistema penal. No campo dessas políticas públicas cabe, inclusive, aculturar a sociedade para a mais ampla contratação trabalhista de ex-presos ou condenados. Porém o dever estatal de gerar e conferir efetividade a tais políticas públicas não tem o condão de, simplesmente, eliminar o direito fundamental à informação sobre processos e eliminar também o direito fundamental público e individual à segurança.

Ponderação de valores e princípios, portanto, mas sem eliminação de uns pelos outros.

Conclusão

Diante de todo o exposto, encerra-se o presente estudo sumarizando as seguintes assertivas:

• A consulta a antecedentes criminais não caracteriza discriminação quando tal providência guarda pertinência com as condições objetivamente exigíveis para o trabalho oferecido ao candidato ao emprego. É pertinente e não contrária à intimidade do empregado *quando a eventual conduta criminal tiver qualquer relação com a função a ser exercida no cargo ofertado.*

• A legislação trabalhista brasileira já prevê duas hipóteses em que o empregador pode exigir a apresentação de atestado de bons antecedentes. A primeira hipótese é regida pelo art. 16, VI, e pelo art. 17 da Lei n. 7.102/83, ao passo que a segunda é regida pelo inciso II, do art. 2º da Lei n. 5.859/72;

• Tratando-se de dados fornecidos por entidades privadas e de notório substrato econômico (SPC, SERASA e congêneres), além de certidões meramente civis, a coleta de tais informações é abusiva, regra geral, configurando discriminação (art. 3º, IV, *in fine*, CF/88). Tratando-se, porém, de dados oficiais, públicos, decorrentes de processos judiciais relativos a crimes cometidos por pessoas, o direito à informação sobre tais dados é mais amplo do que no caso correspondente. É que o *direito à informação* é também direito constitucional fundamental (art. 5º, XIV, CF/88): "é assegurado a todos o acesso à informação e resguardado o sigilo da fonte, quando necessário ao exercício profissional", sendo o fornecimento de informações públicas *dever do Estado* (art. 5º, XXIII, CF), tudo em contexto de ser a *segurança* também direito fundamental constitucionalmente (Preâmbulo da Constituição; art. 5º, *caput*, CF).

Referências bibliográficas

BARACAT, Eduardo Milléo. *A boa-fé no direito individual do trabalhador.* São Paulo: LTr, 2003.

BRASIL. Tribunal Superior do Trabalho. RR 9891800.65.2004.5.09.0014. Relator: ministro Emmanoel Pereira, 5ª Turma, DEJT, Brasília, 18 jun. 2010.

_____. Tribunal Superior do Trabalho. RR 88400.17.2009.5.09.0513. Relator: ministro Luiz Bresciani de Fontan Pereira, 3ª Turma, DEJT, Brasília, 27 abr. 2011.

_____. Tribunal Superior do Trabalho. RR 9890900.82.2004.5.09.0014. Relator: ministro João Batista Brito Pereira, 5ª Turma, DEJT, Brasília, 8 out. 2010.

BRITTO, Carlos Augusto Ayres. *Constitucionalismo fraterno e o Direito do Trabalho.* São Paulo: LTr, 2004.

COELHO, Luciano Augusto de Toledo. A pré-contratualidade na relação de emprego. *Revista do Tribunal Regional do Trabalho da 9ª Região*, Curitiba, v. 32, n. 58, p. 55-89, jan./jul. 2007.

DELGADO, Mauricio Godinho. *Princípios de direito individual e coletivo do trabalho.* 3. ed. São Paulo: LTr, 2010.

GOSDAL, Theresa Cristina. Antecedentes criminais e discriminação no trabalho. *Revista do Tribunal Regional do Trabalho do Paraná*, Curitiba, v. 49, n. 1, p. 120-138, maio 2003.

GURGEL, Yara Maria Pereira. *Direitos humanos, princípio da igualdade e não discriminação.* São Paulo: LTr, 2010.

LEITE, Rafaela Corrêa; RIOS, Sílvia Carine Tramontin. Momentos do controle durante a contratação. *In:* BARACAT, Eduardo Milléo (Coord.). *Controle do empregado pelo empregador.* Procedimentos lícitos e ilícitos. Curitiba: Juruá, 2008.

MEIRELES, Edilton. *Abuso do direito na relação de emprego.* São Paulo: LTr, 2005.

NASCIMENTO, Nilson de Oliveira. *Manual do poder diretivo do empregador.* São Paulo: LTr, 2009.

PASTORE, José. *Trabalho para ex-infratores.* São Paulo: Saraiva, 2011.

VÁLIO, Marcelo Roberto Bruno. *Os direitos da personalidade nas relações de trabalho.* São Paulo: LTr, 2006.

VIANA, Márcio Tulio. Acesso ao emprego e atestado de bons antecedentes. Disponível em: <www.amatra23.org.br>. Acesso em: 12 ago. 2009.

4. A liberdade sindical no Brasil e o problema da aplicação do princípio da pluralidade sindical

Carolina Bastos de Siqueira e Carlos Henrique Bezerra Leite

Sumário: Introdução. 1. A liberdade sindical como direito humano. 2. O princípio da liberdade sindical. 3. A liberdade sindical nas Constituições brasileiras. 4. A (im)possibilidade de convivência entre os princípios da liberdade e da unicidade sindical no Brasil. Conclusão. Referências bibliográficas.

Introdução

A luta de classes foi sempre uma constante na história da humanidade, ora de forma declarada, ora de maneira sutil. Afinal, a sociedade humana sempre foi dividida em classes, umas sobrepondo-se às outras, surgindo, assim, de forma nem sempre organizada, grupos sociais opressores e oprimidos.

Entretanto, a partir do surgimento do capitalismo e, principalmente, com o florescimento da burguesia, essa divisão de classes sofreu profunda transformação, porquanto as diversas classes sociais então existentes foram essencialmente reduzidas a duas: a burguesia e o proletariado.

O problema é que a opressão burguesa não se iguala à opressão feudal. O servo feudal sentia que aquele era seu lugar natural, bem como o de seu senhor. Na modernidade burguesa, todos são "iguais" e a relação entre exploradores e explorados baseia-se unicamente no interesse pelo acúmulo do capital. É uma relação que torna o oprimido descartável, já que sua importância reside apenas na força de trabalho que, na essência, é "vendida" como uma mercadoria.

O cerne da luta sindical sempre foi, portanto, a igualdade material, já que o trabalhador, individualmente, jamais conseguiria fazer frente ao poderio financeiro dos patrões. Mostrava-se forçosa a união do operariado visando a um equilíbrio na relação entre empregados e empregadores.

Contudo, para que essa luta se iniciasse, era fundamental a consagração do princípio basilar da Revolução Francesa, a liberdade. Até aquele momento não se podia afirmar que a classe menos favorecida gozava da mesma liberdade que os burgueses e proprietários de terras, afinal, aos operários eram vedados os direitos de reunião e de associação.

Com o crescimento do movimento sindical, ficou cada vez mais claro que, além da liberdade, era preciso também ter expressividade numérica ante o empregador. Assim, o sindicato teria um maior poder de barganha com um maior número de afiliados. Afinal, a ameaça de greve de apenas alguns não seria suficiente para pressionar os patrões a aumentar os salários ou diminuir a jornada ou qualquer outra melhoria para o trabalhador. Era preciso que o movimento fosse cada vez mais expressivo e mais consistente.

Dentro desse panorama, é possível afirmar que a busca pela liberdade seria a pedra fundamental do Direito Sindical e o fomento da ideia de unidade sindical uma maneira de aumentar a força do sindicato. Sem a liberdade, o sindicato jamais seria capaz de cumprir devidamente o seu papel e atingir seus objetivos, e a unidade lhe daria condições de realizá-los mais facilmente e com maior abrangência.

Após anos de embate entre empregados, sindicatos, empregadores e Estado, a questão da liberdade sindical passou a ser matéria constante de tratados internacionais de direitos humanos, em especial, os constituídos pela Organização Internacional do Trabalho.

No Brasil, desde o início, o sindicalismo andou na contramão dos ideais fundamentais do movimento sindical, já que o governo sempre manteve uma posição autoritária e interventora nos mesmos. Em função desse comportamento do Estado, sempre houve muita pressão da sociedade e da comunidade jurídica para que se alterasse a legislação, buscando a libertação dos sindicatos.

Nos debates da Assembleia Constituinte de 1988, buscou-se adaptar o Brasil ao ideal da liberdade sindical já prevista no ordenamento internacional. Contudo, embora tenha havido sensível evolução na questão, a inclusão do inciso II no art. 8º da Constituição Federal manteve uma restrição da liberdade, na medida em que veda a criação de mais de um sindicato, em qualquer grau, representativo de categoria profissional em uma mesma base territorial, limitada a um município.

Muito embora o Brasil mantenha a supracitada limitação, ratificou, em 1992, o Pacto Internacional sobre Direitos Sociais, Econômicos e Culturais. Nesse Pacto, buscou-se proteger a liberdade sindical em seu grau máximo através da pluralidade sindical, que permitiria a fundação de tantos sindicatos quantos quisessem os trabalhadores, independentemente da base territorial.

Assim, hoje, no Brasil, há duas normas contraditórias incidindo sobre um mesmo fato. A norma internacional, que entra no ordenamento jurídico brasileiro como emenda constitucional, conforme inciso II do art. 4º da Constituição da República e a regra presente no art. 8º do mesmo documento. Dessa forma, a legislação brasileira positivou duas regras do direito sindical: a pluralidade e a unicidade sindicais, as quais possuem plena aplicação.

DIREITO MATERIAL E PROCESSUAL DO TRABALHO ■ 69

Dessa forma, indaga-se: o atual paradigma do Estado democrático de direito brasileiro é compatível com a unicidade sindical?

A pesquisa desse tema demonstra-se interessante em razão de serem o direito do trabalho e, consequentemente, o direito sindical direitos fundamentais para a conquista da cidadania pelo homem. A análise que será realizada poderá contribuir com uma visão multidisciplinar (jurídica e sociológica) sobre a mesma questão: a liberdade sindical, já que ainda percebemos no Brasil a ineficácia dos sindicatos no enfrentamento dos problemas de seus afiliados.

A relevância social desta pesquisa é, provavelmente, o ponto de maior importância. O sindicalismo brasileiro por vezes demonstra suas fraquezas e descompassos com a realidade do trabalhador. Somente quando se debruça sobre esta questão, buscando disseminar novas ideias e pensamentos, é que se torna possível a mudança e o crescimento.

A pesquisa será conduzida a partir da leitura analítica de livros, artigos de periódicos e legislação que tratam do tema abordado. Entretanto, a bibliografia a ser analisada não se limitará ao enfoque jurídico do tema, havendo também uma abordagem sociológica. Desta forma, o método a ser utilizado na presente pesquisa será o dialético pluridisciplinar. O problema proposto, em função das diversas interpretações que o permeiam, trará inúmeros confrontos que serão analisados e sintetizados de forma a produzir alguma evolução no tratamento da matéria.

1. A liberdade sindical como direito humano

Para Carlos Henrique Bezerra Leite, "Direitos Humanos são direitos morais, porque tal fundamentação ética tem por objeto a efetivação dos princípios da dignidade, liberdade, igualdade e solidariedade" (2010, p. 39). Portanto, há diversas razões pelas quais a liberdade deva ser considerada um direito humano. Aliás, todos os autores que tratam dessa temática consideram a liberdade como um direito humano de primeira dimensão, fundamental para o homem contemporâneo, já que não se pode conceber para esse homem da atualidade "uma vida que não seja livre" (OLIVEIRA e PORTO, 2007, p. 166). Afirmam, ainda, Oliveira e Porto:

> A etimologia do verbete liberdade não poderia conduzir a caminho diverso do que a concretização da dignidade. Sua semântica condiz a um plano de multiplicidade de escolhas, que se mostra inconcebível perante um monopólio sindical ou um ente único. Se liberdade corresponde a auto-governo, nada mais justo do que aos sujeitos livres se garanta a escolha, especialmente de seu sindicato.

Já o conceito de *liberdade sindical* é complexo e envolve diversas vertentes que precisarão ser analisadas de forma mais detida. Entretanto, seguindo a conceituação adotada pela Convenção n. 87 da Organização Internacional do Trabalho (OIT) de 1948 (OIT, 1994, p. 4-5), podemos afirmar que os trabalhadores e empregadores, independentemente de autorização prévia e sem qualquer distinção, teriam o direito de se associar organizadamente da maneira que reputarem conveniente e de se filiar a estas organizações, devendo apenas obedecer aos estatutos estabelecidos pelas mesmas.

A liberdade sindical deriva, portanto, dos direitos humanos de primeira geração, já que nasce do direito à liberdade de reunião e associação pacíficas. A própria ideia de democracia é incompatível com qualquer ingerência do Estado na organização ou formação dos sindicatos. Além disso, desde a Conferência Internacional de Teerã, reconhece-se a indivisibilidade dos direitos humanos e das liberdades fundamentais, reputando-se impossível o gozo dos direitos econômicos, sociais e culturais sem a realização dos direitos civis e políticos. Ou seja, a violação de um direito humano importa a violação de todos os outros (LEITE, 2010, p. 40-41).

Aliás, a própria liberdade é uma garantia indivisível. Não se pode ser parcialmente livre. A liberdade é um todo indivisível, devendo ser reconhecida e exercida de forma plena. Esclarece-se que o sentido de plenitude da liberdade aqui esboçado não se refere ao direito de o indivíduo agir em conformidade apenas com sua vontade. A liberdade plena aqui retratada é aquela em que o indivíduo tem autonomia para agir dentro das regras da sociedade e com o devido respeito à liberdade dos outros (OLIVEIRA; PORTO, 2007, p. 171).

Sendo assim, naturalmente, a liberdade sindical é um direito humano, já que, apesar de o sindicato lutar por direitos sociais, a liberdade de associação está relacionada aos direitos civis e políticos, de se organizar em prol do bem comum. E é somente em conjunto, de forma indivisível, que esses direitos são Direitos Humanos. Citando Oscar Ermida Uriarte: "se é certo que a liberdade sindical depende de direitos individuais, não é menos certo que, ao mesmo tempo, os condiciona. *Os direitos individuais dependem da liberdade sindical*" (URIARTE, *apud* ROMITA, 1998, p. 510).

Não obstante as diversas reivindicações por direitos sociais, foi somente em 1919 que alguns países criaram um organismo internacional para tratar das questões trabalhistas, a fim de reunir princípios e regras que voltasse os envolvidos a uma mesma direção, em termos de direitos de segunda geração. Esse organismo foi chamado de Organização Internacional do Trabalho, a OIT, que atualmente encontra-se vinculada à Organização das Nações Unidas.

A Constituição da Organização Internacional do Trabalho foi o primeiro documento internacional que vinculou seus países membros, ficando estabelecido em seu art. 19, n. 5, *b* que:

> Todo país-membro obriga-se a submeter a convenção, no prazo de um ano, a contar do encerramento da reunião da Conferência (ou, quando, por circunstâncias excepcionais, não possa ser feito no prazo de um ano, tão logo seja possível, nunca, porém depois de dezoito meses após encerrada a reunião da Conferência), à autoridade ou a autoridades competentes, para que lhe deem a forma de lei ou adotem outras medidas [*sic*]; (OIT, 1994, p. 123)

Entretanto, apesar de prever essa obrigatoriedade de ratificação da convenção, a Constituição da OIT não estabelece qualquer sanção quanto ao descumprimento da mesma, desde que o país apresente a convenção às autoridades competentes para ratificá-la e essas entendam por não fazê-lo.

Após a Constituição, o primeiro documento internacional que menciona a liberdade sindical é a Declaração da Filadélfia, de 10 de maio de 1944. Nessa declaração são estabelecidos os princípios fundamentais sobre os quais se funda a OIT, mencionando, no inciso I, *b*, expressamente, que "a liberdade de expressão e de associação é essencial para a continuidade do progresso" (OIT, 1994, p. 127).

Dispuseram, ainda, acerca da liberdade sindical, as Convenções n. 11, tratando da sindicalização dos agricultores, em 1921 (OIT, 1994); a de n. 84, sobre o direito sindical de territórios não metropolitanos, em 1947 (OIT, 1994); e, finalmente, a Convenção n. 87, estabelecida em 1948, considerada o documento mais importante no tocante à liberdade sindical (OIT, 1994).

As Convenções da OIT são concebidas como tratados internacionais. Portanto "um Estado cujo governo ratifica uma convenção contrai obrigações legais que deve cumprir e que estão sujeitas a um permanente controle internacional" (OIT, 1994, p. 3). Estabelece a Convenção n. 87 da OIT que aos trabalhadores e empregadores é livre o direito de criar associações e a elas se filiarem, sem qualquer intervenção estatal, podendo estabelecer suas próprias regras e estatutos e agindo com absoluta autonomia. É fundamental mencionar que o Brasil é membro da OIT desde sua criação e participou da Conferência que aprovou a liberdade sindical como um dos pilares de sustentação dessa organização. Entretanto não houve ratificação da supracitada convenção pelo Brasil até o presente momento.

Em 1949, a Convenção n. 98 da OIT foi promulgada, tratando da aplicação dos princípios do direito de organização e de negociação coletiva. Diferentemente da Convenção n. 87, a Convenção n. 98 foi ratificada pelo Brasil através do Decreto n. 49, de primeiro de setembro de 1952. Nesta convenção fica clara a influência do princípio da liberdade sindical sobre as normas criadas, ressaltando a necessidade de autonomia do ente sindical, apesar de não fazer menção direta à ingerência estatal (BRASIL, 1952):

Art. 2º As organizações de trabalhadores e de empregadores gozarão de adequada proteção contra os atos de ingerência de umas nas outras, ou por agentes membros de umas nas outras, na sua constituição, funcionamento e administração.

Finalmente, em 1º de dezembro de 1966, é celebrado o Pacto Internacional dos Direitos Econômicos Sociais e Culturais, do qual o Brasil é signatário. Entretanto, somente foi ratificado pelo Congresso Nacional brasileiro através do Decreto Legislativo n. 226, em 12 de dezembro de 1991, entrando em vigor em 24 de abril de 1992. Estabelece o art. 8º do Pacto Internacional sobre Direitos Econômicos, Sociais e Culturais (LEITE, 2010, p. 201-202):

Os estados-partes do presente Pacto comprometem-se a assegurar:

• O direito de todas as pessoas de formarem sindicatos e de se filiarem no sindicato da sua escolha, sujeito somente ao regulamento da organização interessada, com vista a favorecer e proteger os seus interesses econômicos e sociais. O exercício deste direito não pode ser objeto de restrições, a não ser daquelas previstas na lei e que sejam necessárias numa sociedade democrática, no interesse da segurança nacional ou da ordem pública, ou para proteger os direitos e as liberdades de outrem.

• O direito dos sindicatos de formar federações ou confederações nacionais e o direito destas de formarem ou de se filiarem às organizações sindicais internacionais.

• O direito dos sindicatos de exercer livremente a sua atividade, sem outras limitações além das previstas na lei e que sejam necessárias numa sociedade democrática, no interesse da segurança social ou da ordem pública ou para proteger os direitos e as liberdades de outrem.

• O direito de greve, sempre que exercido em conformidade com as leis de cada país.

• O presente artigo não impede que o exercício desses direitos seja submetido a restrições legais pelos membros das forças armadas, da polícia ou pelas autoridades da administração pública.

• Nenhuma disposição do presente artigo autoriza os estados-partes na Convenção de 1948 da Organização Internacional do Trabalho, relativa à liberdade sindical e à proteção do direito sindical, a adotar medidas legislativas que prejudiquem — ou a aplicar a lei de modo a prejudicar — as garantias previstas na dita Convenção.

2. O princípio da liberdade sindical

O fato de a Constituição da República do Brasil ter previsto e determinado um Estado Democrático de Direito tem fortes implicações. Primeiro porque está a se afirmar que se vive em um território organizado e reconhecido internacionalmente, com seu próprio povo e sua própria cultura. E segundo porque isso implica o respeito às leis que garantem a democracia naquele mesmo território. Mas o que seria democracia? Apenas que de tempos em tempos o povo vota, para escolher seus representantes?

Atualmente, o conceito de democracia é muito mais abrangente. Ele parte de uma concepção de liberdade dos cidadãos, protegendo-os de qualquer forma de totalitarismo e garantindo suas liberdades individuais e coletivas. Devem ser promovidos todos os direitos civis, sociais e coletivos. "Os termos da democracia seriam a igualdade política, a igualdade econômica e a igualdade social" (OLIVEIRA; PORTO, 2007, p. 171).

O Brasil é um Estado Democrático de Direito e, portanto, também deve respeitar as mesmas máximas. No entanto, apenas garantir todos esses direitos de forma abstrata e formal não é suficiente para desenvolver os direitos humanos como um todo, nem muito menos a liberdade sindical.

A pluralidade sindical, por exemplo, ocorre nos Estados em que há plena liberdade sindical. Há liberdade para trabalhadores e empregadores constituírem quantos sindicatos ou associações forem necessários na defesa de seus interesses. Esse sistema coaduna-se perfeitamente com ideias como democracia e liberdade, já que é dado a todos os interessados o direito de se unirem em torno de ideais comuns, independentemente de sua base territorial ou da categoria profissional à qual pertencem. A pluralidade sindical encaixa-se perfeitamente com a sociedade moderna e plural em que se vive atualmente, onde há todo tipo de interesse e todo tipo de pessoa. Nessa sociedade moderna, há de ser dado a cada grupo o direito de ser ouvido em suas reivindicações. As minorias, a todo o tempo, precisam ser protegidas, e é somente com a liberdade sindical plena que as minorias de trabalhadores poderiam engajar-se na luta por melhores condições de vida.

Na unicidade sindical ocorre o oposto da pluralidade. Nesse sistema, adotado no Brasil, ao trabalhador é imposto um sindicato único, ao qual precisa se filiar caso queira engajar-se. Define Mauricio Godinho Delgado (2010, p. 1238):

> A *unicidade* corresponde à previsão normativa obrigatória de existência de um único sindicato representativo dos correspondentes obreiros, seja por empresa, seja por profissão, seja por categoria profissional. Trata-se da definição legal imperativa do tipo de sindicato passível de organização na sociedade, vedando-se a existência de entidades sindicais concorrentes ou de outros tipos sindicais. É, em síntese, o sistema de sindicato único, com monopólio de representação sindical dos sujeitos trabalhistas. (grifo no original)

Esse é o sistema que vigora no Brasil desde a legalização sindical, nos idos da década de 1930. Não há obrigatoriedade na filiação, mesmo porque as conquistas e perdas sindicais são aproveitadas e sofridas por toda a categoria. Contudo, apesar de sua não obrigatoriedade, há uma liberdade limitada, afinal o trabalhador não pode buscar o sindicato que melhor o represente, com o qual tenha mais afinidades (OLIVEIRA; PORTO, 2007, p. 175).

Aliás, nada mais estranho. Não há obrigatoriedade de filiação, entretanto desconta-se do obreiro a contribuição sindical, com ou sem o seu consentimento, com o fito de unicamente custear o sindicato. Além disso, todas as conquistas e perdas da classe serão por ele sofridas. Ora, se não é obrigatório, como pode surtir efeitos nas relações empregatícias de terceiros?

Na verdade, havendo, como ocorre, um monopólio do ente sindical, há, sim, obrigatoriedade. Afinal, caso o obreiro queira filiar-se, associar-se, fazer parte do movimento que defende seus direitos, não tem qualquer liberdade para buscar o sindicato que eleger melhor. Sua obrigatoriedade reside no fato de que a ele não é dado o direito de escolher qual seria o melhor. E liberdade sem escolha não pode ser considerada liberdade.

A unidade sindical, diferentemente da unicidade, apesar da similaridade dos verbetes, tem uma conotação completamente diferente. A unidade sindical ocorre pela maturidade dos entes sindicais que em determinado momento percebem que, unidos, são mais fortes e têm mais poder de barganha. Ocorre por interesse e desejo dos próprios associados, jamais por imposição estatal (DELGADO, 2010, p. 1 239).

3. A liberdade sindical nas Constituições brasileiras

Surgido no fim do século XIX, com a abolição da escravatura e a criação do trabalho assalariado, o sindicalismo brasileiro teve na força de trabalho oriunda da imigração europeia, principalmente italiana, um fator de disseminação dos ideais democráticos e igualitários. E, assim como na Europa, da qual dá conta Eric Hobsbawm (2002, p. 180), "um modo poderoso de unificar era o da ideologia, amparada pela organização", de maneira que "os socialistas e anarquistas levaram seu novo evangelho às massas, até então desprezadas por quase todas as instituições". Assim, no Brasil, o movimento sindical seguiu duas tendências, uma anarcossindical, outra socialista (ANTUNES, 1996, p. 36).

Em 1891, com a Proclamação da República do Brasil, torna-se direito positivo brasileiro o direito à livre associação, desde que sem armas (BRASIL, 1891). Havia possibilidade de intervenção da polícia apenas para manutenção da ordem pública. Entretanto, apesar do mencionado direito associativo, não havia qualquer menção à liberdade sindical propriamente dita.

Naquele período, em que se instituía o trabalho assalariado, formaram-se os primeiros núcleos operários nas regiões dos Estados de São Paulo e do Rio de Janeiro. Eclodiram, assim, as primeiras greves e os primeiros movimentos socialistas, os quais sofriam intensa influência das ideias marxistas. Dentro dessas circunstâncias nascem os primeiros sindicatos brasileiros, objetivando a conquista dos Direitos Fundamentais Trabalhistas. Entretanto, desde o início, segundo argumenta Antunes (1996, p. 35-37), o governo brasileiro procurava controlar o movimento sindical, participando de seus congressos e se inserindo no movimento.

De certa forma, foi a Revolução Russa (1917) que impulsionou — junto a algumas Cartas Constitucionais que, por sua vez, reconheceram certos direitos trabalhistas e sociais — o socialismo na Europa, tendo reflexos nos países latino-americanos, dentre eles, o Brasil. Mas o socialismo de tendência comunista deflagrado na Rússia seria apenas uma dessas influências, tendo ajudado a formar, no Brasil, o Partido Comunista. Entretanto houve outra influência que se tornou bastante mais forte: o socialismo de tendência nacionalista, isto é, o nacional-socialismo, conhecido na Itália como fascismo, na Alemanha como nazismo e no Brasil como integralismo. E isso porque a criação do Partido Comunista, em vez de alavancar o movimento socialista brasileiro, gerou temor às oligarquias no poder, que já se encontravam em crise em função do declínio da economia cafeeira. Diante do enfraquecimento das oligarquias, Getúlio Vargas aproveitou-se da situação e liderou a Revolução de 1930, assumindo o governo brasileiro (ANTUNES, 1996, p. 37).

Após a Revolução Liberal de 1930, foi promulgada a mais importante lei, em sentido *latu*, a tratar da questão da organização sindical. O Decreto n. 19.771 de 1931 inaugura a unicidade sindical no Brasil por território e categoria. Além disso, os sindicatos não poderiam ter qualquer cunho político, sob a pecha de ser desvirtuada sua finalidade (OLIVEIRA; PORTO, 2007, p. 169).

Ocorre que o movimento sindical brasileiro era dividido em duas vertentes ideológicas: anarquismo e socialismo. Os anarquistas eram a maioria, já que boa parte dos operários brasileiros era composta de imigrantes italianos, berço da ideologia anárquica. A divisão ideológica, por si só, já facilitava uma dominação pelo governo. Entretanto havia um agravamento da situação, já que os anarquistas, que eram a maioria, fundamentalmente, não buscavam a inserção do trabalhador na política, sua luta limitava-se à luta de classe dentro da fábrica. Aliás, os anarquistas nem mesmo lutavam por uma legislação trabalhista, tamanha era a sua aversão ao Estado (ANTUNES, 1996, p. 38).

Com esse comportamento, os anarquistas deixaram livre o espaço para a formação dos chamados "sindicatos amarelos" ou "pelegos". Esses sindicatos buscavam a conciliação com o Estado e, politicamente, não o questionavam. Assim, quando Getúlio Vargas assume o comando do país, que naquele momento estava em intenso processo de industrialização, busca, primeiramente, uma harmonização com o movimento operário e, consequentemente, sindical. Para tanto, cria o Ministério do Trabalho e traz o sindicato para o aparelho estatal, estabelecendo diversas regras para a fundação e atuação sindicais (ANTUNES, 1996, p. 38).

Em 1934, Vargas promulga nova constituição assegurando a pluralidade sindical e a autonomia dos sindicatos. Entretanto, como esses dispositivos não foram devidamente regulamentados, jamais se tornaram realidade para o direito coletivo obreiro, foram mera ilusão de liberdade. Já em 1937, com a consolidação do Estado Novo, promulga-se nova Constituição, inspirada no sistema fascista italiano, dessa vez instituindo o sindicato único na base territorial e por categoria profissional, de vinculação obrigatória ao Estado (OLIVEIRA; PORTO, 2007, p. 169).

Contudo, com essas bases, o sindicalismo brasileiro negava exatamente o que Leite (2003, p. 190) considera seu fundamento, a liberdade sindical, já que a ingerência do governo gera maior controle e, consequentemente, menor liberdade.

A principal bandeira político-ideológica do Governo Vargas (1930-1945), principalmente depois do golpe que instauraria o Estado Novo (1937-1945), foi o nacional-socialismo. Durante os quinze anos em que esteve no governo, Vargas buscou frear os movimentos operários, assumindo uma posição intervencionista, incorporando os sindicatos ao aparato estatal, com a criação do Ministério do Trabalho e da Lei de Sindicalização (ANTUNES, 1996, p. 40-41).

Entretanto a maior parte dos sindicatos não adotou as normas oficiais e continuou lutando contra a repressão, buscando a melhoria das condições de trabalho a todas as categorias. Dessa forma, pode-se dizer que durante algum tempo conquistaram diversas vitórias. Contudo, muito embora tenham continuado a luta e os movimentos socialistas, comunistas e anarquistas continuassem a se manifestar, em 1935, o governo decretou a Lei de Segurança Nacional, proibindo greves e dissolvendo a Confederação Sindical Unitária, ou seja, o Estado retirou-lhes suas melhores armas (ANTUNES, 1996, p. 42).

A repressão ao movimento operário tornou-se cada vez mais constante e o Estado conseguiu, finalmente, dominar os sindicatos. Implantou-se, assim, o "peleguismo", isto é, sindicatos que prestam obediência e se subordinam ao governo, não sendo, pois, autônomos. Esse "peleguismo" ajudou a configurar "um sindicalismo sem raízes autênticas e que permaneceu distante da classe operária durante os quinze anos da ditadura do Estado Novo". Ademais, foi nesse mesmo período que se criou o imposto sindical, sem qualquer envolvimento do operariado nessa decisão, tornando o sindicato uma questão lucrativa para seus dirigentes e alimentando ainda mais o "peleguismo" (ANTUNES, 1996, p. 43).

No início da década de 1940, o Estado Novo começou seu declínio. Havia um movimento bem forte, nesse período, pelo retorno da democracia, entretanto esse movimento possuía duas frentes: uma liberal, liderada pela burguesia, e uma nacionalista, liderada pelo povo. A ideologia liberal conflitava diretamente com o intervencionismo do Estado Novo e, assim, perdendo apoio da classe dominante, Getúlio Vargas opta por aproximar-se ainda mais da classe trabalhadora. Dessa forma, liberta presos comunistas e convoca eleições presidenciais e uma Assembleia Constituinte. E mais: buscando proteger os interesses nacionais, Vargas ainda decreta a Lei Antitruste, que autorizava a desapropriação de empresas estrangeiras que estivessem prejudicando os interesses brasileiros, fecha a Sociedade Amigos da América (representantes do imperialismo estadunidense no Brasil) e retoma relações diplomáticas com a União Soviética (ANTUNES, 1996, p. 44-45).

Além disso, no tocante ao movimento sindical, Vargas diminuiu a participação estatal, permitindo aos sindicalistas retomar a autenticidade do movimento. A luta dos operários ganhou novo fôlego e o Partido Comunista Brasileiro, agora legalizado, ganhou força nacional e internacional, já que era o maior partido comunista da América Latina àquele tempo, com 200 mil membros (ANTUNES, 1996, p. 46).

Diante desse quadro, a burguesia, classe então dominante, sentia-se cada vez mais ameaçada, o que a levou a um novo golpe, em 29 de outubro de 1945, reavendo o poder. Vargas foi retirado do governo e, sob a pecha de ser um movimento democrático, Dutra assumiu o poder. Assim, novamente o PC foi declarado ilegal e a intervenção estatal nos sindicatos voltou ao cenário (ANTUNES, 1996, p. 46-47).

Promulga-se, com a queda de Vargas, a Constituição de 1946, que mantém as mesmas regras instituídas pelo Estado, como a unicidade sindical e a vinculação dos sindicatos ao Ministério do Trabalho. Assim, foi somente no início da década de 1950, com o retorno de Getúlio Vargas, que o movimento sindical voltou a crescer, buscando combater os sindicatos pelegos e unificar as entidades sindicais, aumentando a força combativa do movimento. E o crescimento do movimento, com inúmeras vitórias, se manteve firme até o golpe militar de 1964 (ANTUNES, 1996, p. 47-51).

A partir de 1964, com os militares no poder, durante toda a ditadura, buscou--se "romper com a estrutura sindical", prendendo os líderes sindicais, destruindo suas organizações e reinstituindo a política liberal. Foi nesse período que se iniciou a flexibilização do direito do trabalho, com a criação do FGTS e a supressão da estabilidade decenal. Assim, o governo incentivava as empresas estrangeiras a se estabelecer no Brasil, diminuindo os encargos e o "engessamento" das relações de trabalho. Esse processo de decadência do movimento sindical brasileiro, em função da manutenção da tendência corporativista dos anos 30 nas Constituições de 1967 e 1969, perdurou até o início do ano de 1978 — quando, especialmente na região do ABC paulista, as paralisações e greves voltaram a ocorrer (ANTUNES, 1996, p. 54-55).

É claro que não se pode afirmar que o movimento sindical tenha sido completamente calado durante os anos de ditadura, entretanto, com a constante repressão militar, ele se tornou um movimento mais oculto, somente voltando a pressionar o governo no final da década de 1970.

Assim, a década de 1980 foi marcada por uma intensa atuação do movimento sindical, através de greves em diversos setores, inclusive do funcionalismo público. A partir desse momento, a ditadura militar já caminhava a passos largos para sua extinção e os movimentos democráticos foram se tornando cada vez mais presentes, culminando com a Constituição de 1988, que assegurou novamente o princípio da liberdade sindical no Brasil. Contudo, não obstante a concessão de liberdade ao movimento sindical, a Constituição Brasileira manteve em seu bojo uma verticalidade no movimento, em função da obrigatoriedade da unicidade sindical e da obrigatoriedade ao pagamento do imposto sindical (ANTUNES, 1996, p. 61-63).

A liberdade sindical foi, portanto, consagrada na Constituição da República de 1988 (CR), no art. 8º (BRASIL, 2010, p. 29). Entretanto, apesar de trazer ao ordenamento jurídico brasileiro a liberdade aos sindicatos, o Brasil manteve-se conservador com a imposição da unicidade sindical, fazendo com que os trabalhadores, caso tivessem a intenção de se associar, fossem obrigados a fazê-lo ao único sindicato permitido em uma mesma base territorial. Senão vejamos o conteúdo do art. 8º, II, da Constituição da República:

É livre a associação profissional ou sindical, observado o seguinte:

[...]

II – é vedada a criação de mais de uma organização sindical em qualquer grau, representativa de categoria profissional ou econômica, na mesma base territorial, que será definida pelos trabalhadores ou empregadores interessados, não podendo ser inferior à área de um Município;

Entretanto, apesar da manutenção da regra da unicidade, após a Constituição de 1988, o Brasil participou da edição de diversos documentos internacionais que vão de encontro à supracitada regra, criando um conflito que precisa ser superado. Essa questão será analisada no próximo capítulo.

4. A (im)possibilidade de convivência entre os princípios da liberdade e da unicidade sindical no Brasil

No ano de 1992, e na contramão da política constitucional sindical interna, o Brasil ratificou o Pacto Internacional sobre Direitos Econômicos, Sociais e Culturais. Assim, seus dispositivos, conforme leciona Romita (1998, p. 505), agora fazem parte do arcabouço normativo brasileiro, podendo ser, inclusive, postulados nos tribunais, já que são direitos subjetivos.

A Constituição de 1988, quando de sua promulgação, cuidou de erigir os direitos humanos a uma categoria norteadora das relações internacionais, conforme art. 4º, II (BRASIL, 2010, p. 23):

A República Federativa do Brasil rege-se nas suas relações internacionais pelos seguintes princípios:

(...)

II – prevalência dos direitos humanos;

Dessa forma, e principalmente após a edição da Emenda Constitucional n. 45/2003 e o acréscimo do § 3º ao art. 5º, a Constituição Brasileira claramente coloca em pé de igualdade os direitos humanos dos tratados internacionais e os direitos fundamentais já positivados nesse mesmo documento (BRASIL, 2010, p. 28).

Art. 5º (...)

§ 3º Os tratados e convenções internacionais sobre direitos humanos que forem aprovados, em cada Casa do Congresso Nacional, em dois turnos e por três quintos dos votos dos respectivos membros, serão equivalentes às emendas constitucionais.

A simples ratificação do pacto já seria suficiente para seu ingresso no ordenamento jurídico brasileiro. Afinal, os direitos humanos sempre tiveram prevalência conforme se denota do inciso II do art. 4º da Constituição. E a inclusão do § 3º ao art. 5º da Constituição da República somente tornou formalmente constitucional uma regra que já era materialmente constitucional.

Aliás, o Supremo Tribunal Federal, recentemente, aplicou uma regra de direitos humanos presente no Pacto de São José da Costa Rica, ratificado desde 1992 (LEITE, 2010, p. 117), ou seja, muito antes da EC n. 45/2004. Isso demonstra que, apesar de ser recente no texto constitucional, a regra estava inserida entre os princípios constitucionais e, consequentemente, no ordenamento jurídico brasileiro, uma vez que a lei constitucional não poderia ser aplicada a situações anteriores.

Ocorre que o Pacto Internacional sobre Direitos Econômicos, Sociais e Culturais prevê a pluralidade sindical como forma de garantir a liberdade sindical em seu artigo oitavo. E, contrariando a unicidade sindical, a pluralidade permite a existência de tantos sindicatos quantos bastem à vontade dos trabalhadores. Sendo assim, seguindo o mesmo raciocínio de Romita, a simples ratificação do Pacto Internacional sobre Direitos Econômicos, Sociais e Culturais tornou revogada a regra da unicidade sindical constante do inciso II do art. 8º da CR.

Não é possível advogar a causa dos direitos individuais e ao mesmo tempo praticar o cerceamento à liberdade sindical individual. Essas são posições antagônicas, sem mencionar a incompatibilidade da unicidade sindical com a democracia. Afinal, "o princípio da liberdade sindical, quer do ponto de vista material, hierárquico ou ideológico, impede a validade da regra da unicidade" (ROMITA, 1998, p. 511).

Outra questão que também merece consideração é a posição do governo brasileiro em não ratificar a Convenção n. 87 da OIT. Essa convenção está em vigor desde 1948, portanto, há mais de 60 anos. E em todo esse tempo, principalmente após a democratização brasileira, não houve a ratificação tão esperada.

Não que essa ratificação seja essencial para o reconhecimento da liberdade sindical no Brasil, uma vez que esse princípio já se encontra reconhecido constitucionalmente pela recepção do Pacto Internacional de Direitos Econômicos, Sociais e Culturais como fonte dos direitos humanos e fundamentais em nosso sistema constitucional. Entretanto sua ratificação colocaria uma pedra sobre as acaloradas discussões acerca do reconhecimento da liberdade sindical no Brasil, tornando-se a pluralidade, e não a unicidade, uma realidade brasileira.

Aliás, ainda que o Brasil não tenha ratificado a Convenção n. 87 da OIT, é sabido que, em 1998, durante a Conferência Internacional do Trabalho, ocorrida em Genebra, adotou-se como fonte universal de direitos humanos sociais a Declaração da OIT, que trata dos princípios e direitos fundamentais do trabalho. Essa declaração, que contou com a assinatura do Brasil, estabelecia em seu item 2º:

> Todos os membros, ainda que não tenham ratificado as convenções internacionais reconhecidas como fundamentais, têm um compromisso derivado do fato de pertencer à Organização de respeitar, promover e tornar realidade, de boa-fé e de conformidade com a Constituição, os princípios relativos aos direitos fundamentais que são objeto dessas convenções, isto é: a) a liberdade sindical e o reconhecimento efetivo do direito de negociação coletiva; b) a eliminação de todas as formas de trabalho forçado ou obrigatório; c) a abolição efetiva do trabalho infantil; d) a eliminação da discriminação em matéria de emprego e ocupação. (grifos nossos)

Entretanto, apesar de todas as regras, dos princípios e pactos internacionais, o fato é que o Brasil continua praticando um sindicalismo sem liberdade plena. Desde a Constituição de 1946, que, conforme dito anteriormente, simulava uma democracia, a intervenção estatal prejudicou sobremaneira o movimento sindical brasileiro. Vindo de "cima para baixo", o movimento sindical desse período foi se desligando dos próprios afiliados, e estes se desligaram do movimento. O "peleguismo", presente no movimento sindical brasileiro, foi levando os trabalhadores, em sua grande maioria, a se distanciarem da luta de classes, já que esses sindicatos nada faziam para melhorar suas condições de trabalho (CIOFFI, 2008, p. 1131).

As assembleias sindicais, salvo honrosas exceções, contam com cada vez menos participantes, o que denota o total desinteresse dos trabalhadores em se associarem aos sindicatos. E não poderia ser diferente. Em diversos sindicatos brasileiros, os mesmos dirigentes estão no poder há décadas. Seus interesses são indisfarçavelmente econômicos, especialmente a cobrança do chamado imposto sindical e das contribuições sindicais assistenciais compulsórias. Esses dirigentes somente aparecem para os trabalhadores no momento das eleições sindicais e, imediatamente após eleitos, os abandonam à própria sorte (CIOFFI, 2008, p. 1131-1132). Dessa maneira, como pode o trabalhador sentir-se parte do movimento social sindical e verdadeiramente sentir-se representado? Não há nesse caso qualquer sentimento de pertencimento dos afiliados. Na verdade, eles, provavelmente, sentem-se usados por "sindicalistas" que visam, apenas, à cobrança das contribuições sindicais.

Parece-nos, então, que a obrigatoriedade do sindicato único contribui para a decadência do movimento sindical democrático e pluralista. Afinal, a união da classe trabalhadora, em prol de interesses comuns, em solidariedade, é primordial para que a força sindical tenha consistência. E esse também é o pensamento do jurista Arion SayãoRomita (2009, p. 349-350):

> O associacionismo profissional, que está na base do fenômeno sindical, forma-se em torno do núcleo de solidariedade para fundar a união dos indivíduos entre eles, quer se trate de agregá-los em grupos de interesses, quer de assegurar a coesão desses diferentes grupos. A solidariedade de interesses e a espontaneidade de aproximação dos exercentes de um mesmo ofício ou de uma profissão provocam a criação de uma associação permanente e organizada.

O próprio Karl Marx (1871) já atribuía à falta de solidariedade entre o operariado uma de suas falhas para atingir a emancipação econômica. E, possivelmente, é, também, a falta de solidariedade, junto a outros tantos fatores, o que dificulta a emancipação política e a conquista, pelos excluídos, da cidadania. É na inexistência de solidariedade entre a classe que residem os maiores entraves da emancipação dos trabalhadores.

O movimento sindical precisa, para seu fortalecimento, da proximidade cada vez maior entre os trabalhadores. Esses movimentos se iniciam, muitas vezes, dentro de grandes empresas, onde os empregados, por serem muitos, conseguem visualizar sua força contra o patrão. Assim, unem-se pessoas com interesses e problemas parelhos, que a cada reunião sentem-se parte, cada vez mais, de um mesmo grupo, criando um sentimento de coletividade.

Entretanto, de acordo com o estabelecido na Constituição da República do Brasil, o sindicato não nasce de forma autônoma pelos trabalhadores que se unem em torno de interesses em comum. Sua origem tem outros fundamentos que passam ao largo de um ideal sindical. E um dos fatores que contribuem para essa segregação entre os próprios sindicalizados é a unicidade sindical imposta pela legislação brasileira, uma vez que a imposição do sindicato único mina as chances de união espontânea da classe trabalhadora.

Com o grande número de sindicatos brasileiros, há uma imensa crise de legitimidade, já que, atualmente, entre os afiliados, não se verifica a consciência e a união necessárias ao exercício democrático do direito sindical, em pleno exercício da liberdade sindical. No Brasil, esse imenso número de sindicatos, em vez de aumentar a representatividade dos trabalhadores, colabora para torná-los fracos e inoperantes, já que fragmenta, descentraliza e dispersa o movimento sindical (ALVES, 2000, p. 114). Portanto é possível que o problema central seja de solidariedade e, consequentemente, de sentimento de pertencimento não só de cada trabalhador à sua categoria, mas de todo trabalhador como parte integrante da categoria dos excluídos, e que precisa, sobremaneira, de cidadania.

De fato, é na solidariedade que reside a maior força do movimento sindical. Conforme registrado por Mattos (2004, p. 249-251), durante os anos de 1954 a 1964, as reivindicações dos sindicatos, nos momentos de greve, buscavam resolver problemas da categoria, mas não ignoravam os outros trabalhadores. Havia greves intercategorias, greves gerais e/ou nacionais. Dentre essas, inclui-se a greve dos bancários, de 1962, que combatia uma proposta que tramitava no Congresso com o fim de reformar o sistema financeiro.

Sem dúvida que estar reunido, lutando por melhorias salariais ou de condições de trabalho, fazia com que os sindicalizados se reconhecessem em seus companheiros, propiciando espaço e oportunidade para movimentos sociais. E, portanto, as greves por solidariedade são informativos que apontam para um intenso sentimento de pertencimento às classes, além da expressiva representatividade dos sindicatos nesse período.

Ora, contra um fato não há argumentos: a força do movimento sindical está na quantidade de trabalhadores que consegue mobilizar. Quanto maior for a dependência das empresas em relação ao sindicato, mais facilmente esse contabiliza vitórias. Entretanto a solução para um trabalhador dificilmente será a solução para todos. É preciso que haja um sacrifício geral para que as conquistas possam ser distribuídas entre todos. Dessa forma, é imprescindível a solidariedade não somente entre os sindicalizados, mas também entre toda a classe de trabalhadores.

Entretanto, com a imposição da unicidade sindical em detrimento da pluralidade e, consequentemente, da liberdade sindical, esse sentimento de pertencimento e a solidariedade entre os trabalhadores não se operam, enfraquecendo o movimento e diminuindo as chances de o operariado prosperar.

Os valores da modernidade, tais como a liberdade, a igualdade, a autonomia, a subjetividade, a justiça e a solidariedade, estão cada vez mais adstritos a grupos diminutos, e as formas de exclusão, endereçadas, cada vez mais, a grupos mais amplos.

Não se pode atribuir a um único fator a crise do sindicalismo no Brasil e no mundo. Afinal, a humanidade e seus problemas são muito complexos para possuírem uma única causa. Entretanto a inexistência de solidariedade, em diversos momentos, pode ser considerada um grande entrave na busca de uma sociedade mais igualitária. E isso em muitos aspectos. Seja quando se inicia uma guerra ou se ignora a miséria alheia.

De fato, não há mais espaço no Estado Democrático de Direito brasileiro, que consagra como um dos seus princípios fundamentais o pluralismo político, a existência de regras que impõem a unicidade sindical, pois essa, na verdade, além de contribuir para o enfraquecimento do exercício da liberdade e dos movimentos sindicais emancipatórios, constitui um resquício do autoritarismo.

Conclusão

A liberdade sindical, direito humano conexo à garantia das liberdades civis, é fundamental para o pleno exercício da democracia, especialmente em uma sociedade fraterna e pluralista, que é um dos objetivos fundamentais da República Federativa do Brasil.

A manutenção da unicidade sindical encerra um claro entrave ao pleno exercício do sindicalismo, limitando um direito fundamental de liberdade.

Além disso, a unicidade sindical é incompatível com o Pacto Internacional de Direitos Econômicos, Sociais e Culturais, ratificado pelo Brasil, que consagra o postulado da liberdade sindical, sem nenhuma intervenção estatal, como direito humano e fundamental.

E mesmo que assim não o fosse, partindo de uma análise sistemática do arcabouço jurídico brasileiro, a unicidade sindical não poderia mais ter qualquer aplicação, posto que, sendo resquício de autoritarismo, não deveria estar presente em um Estado Democrático.

Não se pode afirmar que há liberdade se não há opções. É preciso que haja concorrência entre os sindicatos para que esses se empenhem cada vez mais na defesa dos interesses de seus associados; caso contrário, poderá haver acomodação entre os dirigentes sindicais. A pluralidade sindical tende a uma harmonia mais concreta com o princípio democrático e com as garantias de liberdade de associação, tão preconizadas pelo Estado brasileiro. Afinal, a pluralidade garante a todos os trabalhadores o direito de escolha.

Referências bibliográficas

ALVES, Giovanni. Do "novo sindicalismo" à "concertação social": ascensão (e crise) do sindicalismo no Brasil (1978-1998). *Revista de Sociologia Política*, Curitiba, UFPR, n. 15, p. 111-124, nov. 2000.

ANTUNES, Ricardo C. O que é sindicalismo. In: ANTUNES, Ricardo C.; GIANNOTTI, Vito; NOGUEIRA, Arnaldo. *O que é sindicalismo, estrutura sindical, comissões de fábrica.*[S.l.]: Editora Nova Cultural, 1996. (Coleção Primeiros Passos, v. 30).

BRASIL. Constituição [da] República Federativa do Brasil. *In: Vade Mecum Acadêmico de Direito*. São Paulo: Rideel, 2010.

_____. Constituição da República dos Estados Unidos do Brasil (de 24 de fevereiro de 1891). Disponível em: <http://www.planalto.gov.br/ccivil_03/constituicao/Constitui%C3%A7ao91.htm>. Acesso em: 18 nov. 2011.

_____. Decreto n. 49, de 1º de setembro de 1952. *Convenção n. 98 da OIT relativa à aplicação dos princípios do direito de organização e de negociação coletiva*. Disponível em: <http://www6.senado.gov.br/legislacao/ListaNormas.action?numero=49HYPERLINK "http://www6.senado.gov.br/legislacao/ListaNormas.action?numero=49&tipo_norma=DL%20 G&data=19520827&link=s"&HYPERLINK "http://www6.senado.gov.br/legislacao/ListaNormas.action?numero=49&tipo_norma=DL%20G&data=19520827&link=s"tipo_norma=DL GHYPERLINK "http://www6.senado.gov.br/legislacao/ListaNormas.action?numero=49&tipo_norma=DL%20G&data=19520827&link=s"&HYPERLINK "http://www6.senado.gov.br/legislacao/ListaNormas.action?numero=49&tipo_norma=DL%20G&data=19520827&link=s"data=19520827HYPERLINK "http://www6.senado.gov.br/legislacao/ListaNormas.action?numero=49&tipo_norma=DL%20G&data=19520827&link=s"&HYPERLINK "http://www6.senado.gov.br/legislacao/ListaNormas.action?numero=49&tipo_norma=DL%20G&data=19520827&link=s"link=s>. Acesso em: 18 nov. 2011.

_____. Decreto n. 591, de 6 de julho de 1992. *Pacto Internacional sobre Direitos Econômicos, Sociais e Culturais*. Disponível em: <http://www.planalto.gov.br/ccivil_03 / decreto/1990-1994/D0591.htm>.

CARDOSO, Adalberto Moreira. *A década neoliberal e a crise dos sindicatos no Brasil*. São Paulo: Boitempo, 2003.

CIOFFI, Leandro. Sindicalismo brasileiro — história, ideologias, legitimidade e direito. *LTr Legislação do Trabalho*, São Paulo, LTr, v. 72, n. 9, p. 1.127-1.135, set. 2008.

DELGADO, Mauricio Godinho. *Curso de Direito do Trabalho*. 9. ed. São Paulo: LTr, 2010.

HOBSBAWM, Eric J. *A era dos impérios: 1875-1914*. Trad. Sieni Maria Campos e Yolanda Steidel de Toledo. 7. ed. Rio de Janeiro: Paz e Terra, 2002.

LEITE, Carlos Henrique Bezerra. *Direito e Processo do Trabalho*: na perspectiva dos direitos humanos. Rio de Janeiro: Renovar, 2003.

MARX, Karl. Estatutos gerais da associação internacional dos trabalhadores. Publicado segundo o texto do folheto de 1871. Trad. José Barata-Moura. Fonte: Obras Escolhidas em três tomos, Editorial "Avante!". *Arquivo Marxista na Internet*, 16 nov. 2007. Disponível em: <http://www.marxists.org/portugues/marx/1871/10/24. htm#tn9>. Acesso em: 17 out. 2011.

MATTOS, Marcelo Badaró. Greves, sindicatos e repressão policial no Rio de Janeiro (1954-1964). *Revista brasileira de história*, São Paulo, v. 24, n. 47, p. 241-270, jul. 2004.

OLIVEIRA, Murilo Carvalho Sampaio; PORTO, Mariana Mendes. Em busca da liberdade sindical: uma análise crítica do sistema sindical brasileiro. In: *Revista de Direito do Trabalho*, São Paulo, ano 33, n. 128, p. 165-186, out./dez. 2007.

ORGANIZAÇÃO INTERNACIONAL DO TRABALHO (OIT). Convenção n. 87: Relativa à liberdade sindical e à proteção do direito de sindicalização. Tradução do Ministério da Justiça do Brasil. Disponível em: <http://portal.mj.gov.br/sedh/ct/legis_intern/conv_oit_87_dir_sindical.htm>. Acesso em: 1º jun. 2011.

_____. *A Liberdade Sindical*. Traduzido por Edilson Alkmin Cunha. Brasília: Organização Internacional do Trabalho; São Paulo: LTr, 1994.

ROMITA, Arion S. *Direito do Trabalho:* temas em aberto. São Paulo: LTr, 1998.

_____. *Direitos Fundamentais nas Relações de Trabalho*. 3. ed. rev. e aum. São Paulo: LTr, 2009.

Parte II

Direito Processual do Trabalho

5. A legitimidade da Defensoria Pública da União na Justiça do Trabalho na defesa dos direitos metaindividuais dos trabalhadores

Lidiane da Penha Segal e Carlos Henrique Bezerra Leite

Sumário: Introdução. 1. Ondas de acesso à justiça e ampliação do rol dos legitimados para a tutela dos direitos metaindividuais. 2. As atribuições da Defensoria Pública da União na Constituição Federal de 1988 e a importância de sua atuação na Justiça do Trabalho. 3. A legitimidade da Defensoria Pública da União para a defesa dos direitos metaindividuais em espécie na Justiça do Trabalho. 3.1. Defesa dos direitos individuais homogêneos. 3.2. Defesa dos direitos coletivos. 3.3. Defesa dos direitos difusos. Conclusão. Referências bibliográficas.

Introdução

A CF/88 rompeu definitivamente com a ideia clássica de que a proteção estatal deve se voltar apenas para os direitos individuais, tendo estabelecido, diferentemente das Constituições anteriores, que qualquer tipo de lesão ou ameaça de lesão poderá ser objeto de análise pelo Poder Judiciário (art. 5º, XXXV, da CF/88), o que abrange a apreciação das questões coletivas.

Esse novo e amplo conceito de acesso à justiça no Brasil, que foi alçado à categoria de direito fundamental a partir de 1988, sedimentou um novo olhar sobre os conflitos sociais existentes em uma sociedade cada dia mais complexa e massificada.

Atualmente, ainda que se dependa de uma melhor compreensão acerca da importância da apreciação das ações coletivas para a efetivação do acesso à justiça por parte dos operadores do direito, a elevação ao plano constitucional já significa um avanço para a tutela dos direitos coletivos *lato sensu*, diante da insuficiência do modelo de acesso individual ao Poder Judiciário em uma sociedade globalizada e significativamente afetada pela exclusão social.

Na seara trabalhista, por exemplo, a intensificação dos conflitos entre capital e trabalho, desemprego estrutural e crescente, e discriminação contra os grupos sociais vulneráveis levam ao Judiciário trabalhista demandas referentes a uma coletividade de pessoas cuja solução não se adequa ao tradicional modelo de processo individual que foi concebido no paradigma do Estado Liberal.

Ocorre que, no âmbito da Justiça do Trabalho, o acesso dos trabalhadores à jurisdição laboral, especialmente aqueles mais vulneráveis, encontra diversos obstáculos econômicos, psicológicos, sociais, culturais e políticos, além dos obstáculos organizacionais, uma vez que a cultura individualista que impera nas relações entre o capital e o trabalho dificulta a tutela coletiva dos direitos sociais dos trabalhadores, seja pela inexpressiva atuação dos sindicatos, que ainda preferem utilizar o tradicional modelo da assistência sindical (Lei n. 5.584/70) para tutela de direitos individuais simples ou plúrimos, seja pelas dificuldades operacionais e humanas de atuação do MPT para promover ações coletivas em defesa dos direitos individuais homogêneos.

No intuito de ampliar o rol dos legitimados para as ações coletivas, o legislador previu a legitimidade da Defensoria Pública para defender os direitos metaindividuais tuteláveis pela ACP (Lei n. 7.347/85, art. 5º, II, com redação dada pela Lei n. 11.448/2007).

Eis, então, o problema a ser enfrentado nesta pesquisa: a DPU possui legitimidade para promover a defesa dos direitos difusos, coletivos e individuais homogêneos dos trabalhadores no âmbito da Justiça do Trabalho? Se a resposta for positiva, existem limitações para tal legitimidade?

1. Ondas de acesso à justiça e ampliação do rol dos legitimados para a tutela dos direitos metaindividuais

As inovações legislativas que resultaram na formação de um sistema integrado de acesso coletivo à justiça (CF, art. 5º, XXXV, LIV, LXX, LXXI e LXXIII, 8º, III, 127 e 129, III e 1º, LACP art. 1º, 5º e 21, CDC art. 81, 90, 91 a 100, 103 a 104) trouxeram uma nova possibilidade de resolução destas demandas, dentro da perspectiva de acesso à justiça trazida por Mauro Capelletti e Bryant Garth por meio do *Florence Project*, sistematizado nas "três ondas" renovatórias (garantia de assistência jurídica aos necessitados, representação dos direitos difusos e informalização do procedimento de resolução de conflitos).

Segundo apontam Capelletti e Garth:

> O recente despertar de interesse em torno do acesso efetivo à Justiça levou a três posições básicas, pelo menos nos países do mundo Ocidental. Tendo início em 1965, estes posicionamentos emergiram mais ou menos em sequência cronológica. Podemos afirmar que a primeira solução para o acesso — a primeira "onda" desse movimento novo — foi a assistência judiciária; a segunda dizia respeito às reformas tendentes a proporcionar representação jurídica para os interesses "difusos", especialmente nas áreas de proteção ambiental e do consumidor; e o terceiro — e mais recente — é o que propomos a chamar simplesmente "enfoque de acesso à justiça" porque inclui os posicionamentos anteriores, mas vai muito além deles,

representando, dessa forma, uma tentativa de atacar as barreiras de modo mais articulado e compreensivo.

Focando-se na denominada "segunda onda" e mantendo-se os olhos nas demandas trabalhistas, não é difícil reproduzir as inúmeras vantagens que circundam a utilização das ações coletivas, eis que "uma demanda coletiva bem conduzida tem o potencial de resolver de forma mais eficaz uma determinada situação que diversas demandas individuais sobre a mesma causa".

Significativa redução na quantidade de processos na Justiça do Trabalho pode ser alcançada por meio da utilização das ações coletivas. Como destacam Isabel Reis Lages e Carlos Henrique Bezerra Leite, a ação coletiva: democratiza o acesso em massa ao Poder Judiciário; otimiza a distribuição igualitária da justiça, promovendo a correção das desigualdades sociais e regionais; permite a aglutinação de diversos litígios individuais numa única demanda (tutela dos direitos individuais homogêneos); prestigia a economia e a celeridade processuais; evita decisões judiciais conflitantes tão caras à credibilidade do Judiciário frente à sociedade; ameniza barreiras psicológicas e técnicas que dificultam o acesso dos grupos sociais vulneráveis à Justiça; previne macrolesões aos direitos fundamentais; desencoraja comportamentos violadores dos direitos humanos (danos morais coletivos e multas elevadas); permite que os trabalhadores tenham acesso à Justiça do Trabalho durante a vigência do contrato de trabalho; interrompem a prescrição para as demandas individuais (TST/SDI-1/OJ n. 359), quando se trata de ações coletivas para tutela de interesses individuais homogêneos (substituição processual); criam um espaço para a conscientização da cidadania, permitindo a participação da sociedade e dos trabalhadores — direta ou indiretamente — nos centros de Poder, por meio da provocação das instituições responsáveis pela defesa coletiva de direitos (art. 6º da Lei n. 7.347/85).

Além disso, "a concentração de atos em um só processo, movido por um legitimado engajado com a defesa da sociedade e que possua a capacidade de postular e instruir devidamente a lide, leva a uma solução mais benéfica a sociedade", já que, nas palavras de Hugo Nigro Mazilli, o processo coletivo "deve conduzir a uma solução mais eficiente da lide, porque o processo coletivo é exercido de uma só vez, em proveito de todo o grupo lesado".

Em matéria de legitimação para a defesa dos interesses metaindividuais, neles incluídos os difusos, individuais homogêneos e coletivos, o direito brasileiro mesclou diferentes sistemas adotados em diversos países (publicista, privatista e associacionista) para estabelecer um amplo rol de legitimados.

É o que se verifica na atual relação do art. 5º da Lei n. 7.347/85, com redação dada pela Lei n. 11.448, de 2007, que trata da ação civil pública, um dos principais instrumentos para a tutela dos interesses metaindividuais:

Art. 5º Têm legitimidade para propor a ação principal e a ação cautelar:

I – o Ministério Público;

II – a Defensoria Pública;

III – a União, os Estados, o Distrito Federal e os Municípios;

IV – a autarquia, empresa pública, fundação ou sociedade de economia mista;

V – a associação que, concomitantemente:

a) esteja constituída há pelo menos 1 (um) ano nos termos da lei civil;

b) inclua, entre suas finalidades institucionais, a proteção ao meio ambiente, ao consumidor, à ordem econômica, à livre concorrência ou ao patrimônio artístico, estético, histórico, turístico e paisagístico.

(...)

O que se estabelece, assim, é uma proposta de legitimação ampla, que foi ratificada por meio do Código de Defesa do Consumidor, conforme manifestação de um dos autores do anteprojeto que resultou na Lei n. 8.078/90:

A legitimação *ad causam* ativa consagrada no Código, para o aforamento das ações coletivas, foi a mais ampla possível. Seguiu o legislador a mesma orientação adotada pela Lei n. 7.347, de 24 de julho de 1985, e posteriormente reafirmada na Lei n. 7.853, de 24 de outubro de 1989. Optou o legislador pátrio por limitar a legitimação individual à busca da tutela dos interesses e direitos a título individual. Pelas regras que disciplinam as obrigações indivisíveis, seria admissível, em linha de princípio, a legitimação concorrente de todos os indivíduos para a defesa dos interesses difusos ou coletivos de natureza indivisível. (...) Por certo, após a perfeita assimilação pelo povo brasileiro do verdadeiro ideal colimado pelo Código, o que somente ocorrerá com a educação mais aperfeiçoada e mais abrangente, e principalmente com a diminuição do individualismo que nos marca profundamente, estaremos aptos, no futuro, à ampliação total, inclusive a cada indivíduo, da legitimação para agir para a tutela, a título coletivo, dos interesses e direitos dos consumidores.

Vê-se, portanto, que à Defensoria Pública, como instituição essencial ao exercício da função jurisdicional do Estado (art. 134 da CF/88), também se confere a incumbência de propor ação civil pública para a garantia dos interesses metaindividuais, sobretudo por se tratar de instituição imbuída da função de prestar assistência jurídica integral e gratuita a todos que, individual ou coletivamente considerados, disponham de parcos recursos financeiros.

Entretanto, quando se trata da defesa de direitos metaindividuais, a questão referente à legitimidade ativa *ad causam* desperta muitos questionamentos, sendo que a análise do direito material invocado pelo autor coletivo acaba esbarrando em decisões judiciais que resolvem o processo sem resolução do mérito.

Frente a esta questão, é importante analisar não só de que forma se dá a atuação da Defensoria Pública da União para cumprimento de sua função constitucional, mas também as premissas teóricas que sustentam a sua atuação na Justiça do Trabalho de forma ampla, como se defende neste trabalho.

2. As atribuições da Defensoria Pública da União na Constituição Federal de 1988 e a importância de sua atuação na Justiça do Trabalho

Não obstante a garantia de acesso à justiça para os pobres já estivesse prevista nas Constituições anteriores, a partir da CF/88, o Brasil consagrou a Defensoria Pública como instituição indispensável à função jurisdicional do Estado responsável pela assistência jurídica e defesa dos cidadãos necessitados (art. 134 da CF/88).

A partir de então, o sistema adotado para a efetivação dos direitos fundamentais de acesso à justiça (art. 5º, XXXV, da CF/88) e assistência jurídica integral e gratuita (art. 5º, LXXIV, CF/88) foi o estatal, no qual o serviço é prestado pelo Estado através de uma instituição criada especificamente para esse fim.

O modelo adotado no Brasil demonstra o avanço em matéria de acesso à justiça quando comparado ao de outros países mais avançados.

O sistema brasileiro, baseado na instituição da Defensoria Pública, favorece, ao menos em tese, a implementação de uma política unificada de acesso à Justiça, visto que não apresenta as dicotomias presentes no sistema norte-americano (vertente cível e vertente criminal bem delimitadas, cujos subsistemas "dialogam" muito pouco entre si) e do sistema francês (vertente da assistência jurisdicional, dominada pelas estruturas das profissões jurídicas, notadamente a ordem dos advogados, e vertente da assistência extrajudicial, cuja estruturação está a cargo dos Conselhos Departamentais de Acesso ao Direito, organismos de natureza híbrida, cuja eficácia ainda não é reconhecida).

A amplitude de atuação da Defensoria Pública em relação aos sujeitos que podem ser atendidos por esta instituição é destacada no seguinte trecho:

> ainda no que se refere ao universo de beneficiários, o sistema brasileiro não apresenta nenhuma espécie de restrição legal para prestação de serviços; em tese, qualquer tipo de intervenção jurídica que seja passível de ser prestada por um advogado particular pode ser feita pelo defensor público; não há restrição a nenhuma categoria de pessoas, nem sequer a estrangeiros, sendo que até mesmo as pessoas jurídicas, inclusive de fins lucrativos, se ficar caracterizada a situação de miserabilidade jurídica, poderão ter seus interesses patrocinados pelo defensor público.

Verifica-se, portanto, uma mudança no paradigma do acesso à justiça aos pobres no Brasil, eis que este acesso não mais se encontra restrito ao acionamento do Poder Judiciário, preconizado por meio das legislações anteriores, notadamente a Lei n. 1.060/50. Da assistência meramente judiciária passou-se a uma assistência jurídica. Da gratuidade em juízo para uma assistência integral e gratuita no âmbito judicial e extrajudicial.

A distinção entre os conceitos de assistência jurídica, assistência judiciária e justiça gratuita é relevante para se verificar o avanço no tocante ao acesso à justiça por parte dos cidadãos carentes. Afinal, da justiça gratuita, que consiste na dispensa do pagamento adiantado das despesas processuais, bem assim na dispensa do pagamento dos honorários de advogado; e de uma assistência judiciária, por sua vez, restrita ao auxílio jurídico no âmbito judicial, em uma relação jurídico-processual; aos pobres passou a ser assegurado o direito à assistência jurídica integral e gratuita, que se revela bem mais ampla, com a prestação de serviços jurídicos em qualquer ambiente, judicial ou extrajudicial, como, por exemplo, por meio de consultoria, conciliação extrajudicial e defesa em processos administrativos.

Responsável, portanto, por prestar uma assistência que não se restringe à atuação judicial, a Defensoria Pública passou a exercer um papel ampliado na garantia de acesso a direitos por parte da população carente.

Em relação às causas de natureza trabalhista, compete aos membros da Defensoria Pública da União, nos termos dos art. 1º e 20 a 22 da Lei Complementar Federal n. 80/84, atuarem nos Juízos do Trabalho na defesa, em todos os graus, dos trabalhadores necessitados.

Nesse contexto, a Lei n. 132/2009, que alterou parcialmente a Lei Complementar Federal n. 80/84, para atender à proposta do III Pacto Republicado de fortalecimento desta instituição para a efetivação do acesso à justiça, previu no art. 4º, VII, de maneira expressa, a legitimidade da Defensoria Pública para promover ação civil pública e todas as espécies de ações capazes de propiciar a adequada tutela dos direitos difusos, coletivos ou individuais homogêneos, quando o resultado da demanda puder beneficiar grupo de pessoas hipossuficientes.

Por esse motivo, é atribuição da DPU atuar em prol de um grande número de trabalhadores que compõem os mais diversos grupos sociais vulneráveis (trabalhadores imigrantes, do mercado informal, deficientes ou reduzidos à condição de escravos, como também aqueles que fazem parte da grande parcela de trabalhadores assalariados em condição de hipossuficiência).

Não obstante a atuação da Defensoria Pública da União na Justiça do Trabalho seja ainda incipiente, haja vista a sua instalação provisória nos termos da Lei n. 9.020, de 1995, sem os meios — materiais e humanos — para a realização da sua missão institucional, a priorização da defesa dos direitos metaindividuais avulta como importante ferramenta para a sua atuação mais eficiente em função da tutela de um maior número de trabalhadores necessitados.

Relevante aspecto a ser considerado é que a legitimidade ativa da Defensoria Pública é estabelecida de forma disjuntiva, autônoma e concorrente com outros órgãos públicos e entidades da sociedade civil.

Nesse sentido, pondera Luís Roberto Barroso:

> A legitimação ativa para a ação civil pública ou coletiva é *concorrente, autônoma e disjuntiva*. Vale dizer: cada um dos legitimados pode propor a ação isoladamente ou se litisconsorciando facultativamente aos demais.

Neste ponto, a Constituição Federal, a despeito de enquadrar a ação civil pública como *função institucional* do Ministério Público (art. 129, III), não conferiu a este exclusividade em sua promoção (CF, art. 129, § 1º), no que andou bem, dando ênfase à amplitude do acesso à Justiça.

Isso significa dizer que não é seu ou de outro ente o monopólio na utilização desse instrumento de defesa coletiva de direitos, visto que todos os colegitimados previstos no art. 1º da Lei n. 7.347/85 possuem deveres institucionais voltados para a viabilização do acesso coletivo à justiça, promovendo, em última análise, a defesa dos valores éticos e republicanos em prol da cidadania plena de todas as pessoas.

É imperioso lembrar, *ad argumentandum tantum*, que a OAB, embora não se encontre no rol do art. 5º da LACP, também é parte legítima para ajuizar ação civil pública, como se infere do art. 54 do EOAB:

> Art. 54. Compete ao Conselho Federal:
>
> (...) XIV – ajuizar ação direta de inconstitucionalidade de normas legais e atos normativos, ação civil pública, mandado de segurança coletivo, mandado de injunção e demais ações cuja legitimação lhe seja outorgada por lei;

Ora, se a OAB, como ente que tradicionalmente atua em defesa de interesses da própria classe dos advogados, e estes, por sua vez, atuam em defesa de interesses individuais e privados, então não seria razoável restringir a legitimação da DPU, que é instituição pública cuja missão constitucional repousa na defesa — individual e coletiva — das pessoas necessitadas.

3. A legitimidade da Defensoria Pública da União para a defesa dos direitos metaindividuais em espécie na Justiça do Trabalho

Antes de examinar a legitimidade da Defensoria Pública da União em relação a cada um dos direitos metaindividuais em espécie, verificando-se suas peculiaridades, faz-se necessário estabelecer quais premissas nortearão essa análise.

Em primeiro lugar, parte-se do pressuposto de que a legitimidade da Defensoria Pública para a propositura de ações civis públicas foi estabelecida em lei sem qualquer restrição, a exemplo do que ocorre com o Ministério Público, a União, os Estados, o Distrito Federal, a autarquia, a empresa pública, a fundação ou sociedade de economia mista (art. 5º, Lei 7.347/85).

O que a legislação manteve foi a diferença de tratamento conferido às associações que, além da constituição há mais de um ano, devem incluir nas suas finalidades institucionais a defesa dos direitos previstos na lei ou algum outro metaindividual que permita o ajuizamento da ACP (art. 5º, V, Lei n. 7.347/85).

Portanto no plano normativo nenhuma limitação expressa foi imposta à atuação da Defensoria Pública, erigida à categoria de legitimado universal para a propositura dessas demandas.

DIREITO MATERIAL E PROCESSUAL DO TRABALHO ■ 95

Por outro lado, não se pode olvidar da análise dos dispositivos infraconstitucionais à luz da Constituição, notadamente dos dispositivos que tratam de direitos fundamentais. Referida análise deverá ser feita dentro dos critérios hermenêuticos adequados ao paradigma do Estado Democrático de Direito.

A nova hermenêutica constitucional apresenta como norte o princípio da máxima efetividade. Esse princípio determina que, na atividade interpretativa, o intérprete seja guiado pela necessidade de que sua atividade extrapole os limites semânticos da norma para identificar, dentre as interpretações possíveis, aquela que lhe confere maior eficácia. Estas são as lições de Canotilho:

> Este princípio, também designado por princípio da eficiência ou princípio da interpretação efectiva, pode ser formulado da seguinte maneira: a uma norma constitucional deve ser atribuído o sentido que maior eficácia lhe dê. É um princípio operativo em relação a todas e quaisquer normas constitucionais, e embora a sua origem esteja ligada à tese da actualidade das normas programáticas (Thoma), é hoje sobretudo invocado no âmbito dos direitos fundamentais (no caso de dúvidas, deve preferir-se a interpretação que reconheça maior eficácia aos direitos fundamentais).

Uma interpretação que restrinja direitos fundamentais a partir de normas infraconstitucionais subverte a superioridade da Constituição. Portanto é exigido dos aplicadores do direito uma interpretação que tenha como ponto de partida a Constituição, dando-lhe máxima efetividade, e não o contrário, evitando-se o empobrecimento e o esvaziamento de suas normas e a desarticulação do sistema de garantias legais.

Diante disso, ao se analisar a interpretação que deve ser dada ao art. 134 da CF/88, deve-se considerar que a Defensoria Pública é instituição criada especificamente para o fim de efetivar o direito fundamental à assistência jurídica integral e gratuita custeada pelo Estado (art. 134, CF/88). Portanto sua forma de atuação deve estar condicionada à utilização de todos os instrumentos legais disponíveis para o cumprimento de sua missão constitucional.

> A efetividade significa, portanto, a realização do Direito, o desempenho concreto de sua função social. Ela representa a materialização, no mundo dos fatos, dos preceitos legais e simboliza a aproximação, tão íntima quanto possível, entre o *dever-ser* normativo e o *ser* da realidade social.

Nesse escopo, estabelece a Lei Complementar Federal n. 80/94 expressamente a defesa dos direitos coletivos dentre as atribuições da Defensoria Pública:

> Art. 1º A Defensoria Pública é instituição permanente, essencial à função jurisdicional do Estado, incumbindo-lhe, como expressão e instrumento do regime democrático, fundamentalmente, a orientação jurídica, a promoção dos direitos humanos e a defesa, em todos os graus, judicial e extrajudicial, dos direitos individuais e coletivos, de forma integral e gratuita, aos necessitados, assim considerados na forma do inciso LXXIV do art. 5º da Constituição Federal. (Redação dada pela Lei Complementar n. 132, de 2009).

A amplitude da missão da Defensoria Pública na defesa dos cidadãos hipos-suficientes e dos grupos sociais vulneráveis é destacada na seguinte manifestação:

Defensoria Pública não é apenas um órgão patrocinador de causas judiciais. É muito mais. É a Instituição Democrática que promove a inclusão social, cultural e jurídica das classes historicamente marginalizadas, visando à concretização e à efetivação dos direitos humanos, no âmbito nacional e internacional, à prevenção dos conflitos, em busca de uma sociedade livre, justa e solidária, sem preconceitos de origem, raça, sexo, cor, idade, com a erradicação da pobreza e da marginalização, em atendimento aos objetivos fundamentais da República Federativa do Brasil, previstos no art. 3º da Constituição Federal.

Pondera-se que a propositura da ação civil pública não pode ocorrer quando o objeto da demanda estiver ligado *exclusivamente* a interesses divergentes das atribuições funcionais conferidas por lei.

Referida exigência, entretanto, diverge da questão de haver interesses afetos à instituição autora, mas não exclusivos a essa, em situações em que a indeterminação dos titulares certamente traz como consequência a defesa por via reflexa das pessoas não protegidas pela instituição, conforme será explicitado a seguir na abordagem a cada uma das espécies de direitos metaindividuais previstos em lei (individuais homogêneos, coletivos e difusos).

3.1. Defesa dos direitos individuais homogêneos

A definição trazida pelo CDC sobre os direitos individuais homogêneos prevê na *origem comum* o elemento de contato que une os seus titulares, que são determinados ou determináveis.

A imprecisão em relação ao conceito traz consigo a dúvida em relação à natureza individual ou coletiva desses direitos. Segundo Rodolfo de Camargo Mancuso, "tudo indica que os interesses individuais homogêneos não são coletivos em sua essência, nem no modo como são exercidos, mas apresentam certa uniformidade, pela circunstância em que seus titulares se encontram em certas situações, que lhes confere coesão suficiente para destacá-los da massa de indivíduos isoladamente considerados".

Apesar de presente o entendimento de que são individuais por natureza, os direitos individuais homogêneos mereceram tratamento no CDC para que seja possível a sua proteção pela via da ação coletiva, em função da sua homogeneidade e da origem comum.

A Lei Complementar n. 132/2009, que alterou dispositivos da Lei Complementar Federal n. 80/94, consagrou expressamente a hipótese de atuação da Defensoria Pública em defesa dos direitos individuais homogêneos em ação civil pública:

Art. 4º. São funções institucionais da Defensoria Pública, dentre outras:

[...]

VII – promover ação civil pública e todas as espécies de ações capazes de propiciar a adequada tutela dos direitos difusos, coletivos ou individuais homogêneos quando o resultado da demanda puder beneficiar grupo de pessoas hipossuficientes;

A partir da interpretação de referido dispositivo, verifica-se que, quando dentre os titulares de direitos individuais homogêneos houver pessoas hipossuficientes, se impõe a atuação da Defensoria Pública.

Eventual existência, dentro do grupo lesionado, de pessoas não consideradas hipossuficientes do ponto de vista econômico, e que possam ser beneficiadas com o processo, deve ser verificada na fase de liquidação da sentença, nos termos do art. 91 e ss. do Código de Defesa do Consumidor c/c o art. 21 da Lei da Ação Civil Pública, que será promovida pela Defensoria Pública no caso de hipossuficientes, ou por advogado particular, para os demais.

Sobre a possibilidade de atuação da Defensoria Pública na defesa de direitos individuais homogêneos, o Superior Tribunal de Justiça (STJ) já expôs em diversos julgados o entendimento de que legitimidade dessa instituição é ampla, visto que determinada a partir de um critério subjetivo, ou seja, pela natureza ou pelo status dos sujeitos protegidos, concreta ou abstratamente defendidos (necessitados).

De igual forma, diante da enorme quantidade de trabalhadores marginalizados, reduzidos à condição de pobreza, às vezes, à margem da representação sindical (trabalhadores imigrantes ou informais, por exemplo), tem-se que o reconhecimento da legitimidade da Defensoria Pública da União na Justiça do Trabalho faz-se necessário para que não haja qualquer cerceamento à defesa dos direitos fundamentais desses trabalhadores.

3.1. Defesa dos direitos coletivos

Os direitos coletivos são conceituados no art. 82, II, do CPC, como *"os transindividuais de natureza indivisível de que seja titular grupo, categoria, ou classe de pessoas ligadas entre si ou com a parte contrária por uma relação jurídica-base"*.

Nesta hipótese, a existência prévia de um grupo, de uma categoria ou classe é que estabelece o vínculo jurídico entre a coletividade capaz de ensejar a defesa conjunta diante de uma lesão ou ameaça ao direito.

Em matéria trabalhista, há situações em que a lesão ou a ameaça ao direito se faz presente para um grupo de trabalhadores de uma determinada empresa, como, por exemplo, em relação a questões afetas ao meio ambiente do trabalho, cuja solução atingirá a todos simultânea e indistintamente.

Há casos, ainda, em que toda uma categoria de trabalhadores (art. 511, § 3º, da CLT) pode estar envolvida em uma demanda cujo interesse é indivisível, mas seus titulares podem ser determinados ou determináveis.

Verifica-se, assim, que a atuação da Defensoria Pública da União na defesa desses direitos é cabível quando se trata de um grupo ou uma categoria de trabalhadores necessitados do ponto de vista econômico ou organizacional.

Corrobora este entendimento a manifestação de Ada Pellegrini Grinover no sentido de que:

> E exegese do texto constitucional, que adota um conceito jurídico indeterminado, autoriza o entendimento de que o termo "necessitados" abrange não apenas os economicamente necessitados, mas também os necessitados do ponto de vista organizacional, ou seja, os socialmente vulneráveis.

Tratando-se, portanto, de um grupo de trabalhadores necessitados, a atuação da Defensoria Pública da União na tutela coletiva faz-se necessária para o cumprimento da missão constitucional estabelecida no art. 134 da CF/88.

3.3. Defesa dos direitos difusos

O ponto mais sensível acerca da atuação da Defensoria Pública na tutela coletiva se refere aos interesses difusos.

Assim dispõe o art. 81, I, do CDC: *"I – interesses ou direitos difusos, assim entendidos, para efeitos deste código, os transindividuais, de natureza indivisível, de que sejam titulares pessoas indeterminadas e ligadas por circunstâncias de fato".*

Sendo características dos interesses difusos a *transindividualidade* e a *indivisibilidade*, discute-se de que forma seria possível identificar a carência financeira de seus titulares apta a ensejar a atuação da Defensoria Pública.

Para responder a esta questão é necessário retomar as premissas que fazem parte deste trabalho. Inicialmente tem-se que nenhuma restrição foi imposta na lei no tocante à atuação da Defensoria Pública em relação à tutela coletiva. Por outro lado, a interpretação que atribui a máxima eficácia ao dispositivo constitucional que trata das funções da Defensoria Pública é aquela que permite a utilização de todos os meios e recursos para a defesa dos cidadãos necessitados.

Nesse escopo, ainda que sejam indetermináveis os sujeitos titulares de direitos difusos, tem-se que sua defesa também pode alcançar a população vulnerável, o que atrai a responsabilidade da Defensoria Pública. Em matéria trabalhista, por exemplo, a contratação de empregado público sem a realização de concurso público (CF, art. 37, I, II, e § 2º) pode implicar em ofensa ao direito de acesso aos cargos e empregos públicos de pessoas necessitadas economicamente ou não.

A indeterminação dos titulares, assim, não se apresenta como um critério adequado para cercear a atuação da instituição legitimada de acordo com a lei para a defesa de qualquer espécie de interesse coletivo. Afinal, ao se proteger um bem ou valor jurídico que pertence a todos, necessariamente ali estarão incluídos cidadãos necessitados.

O que se faz necessário é analisar a pertinência entre o objeto da demanda e as atribuições da Defensoria Pública da União, independentemente de o direito ser ou não difuso. Ou seja, mais importante do que definir a titularidade do direito para se definir a legitimidade para a ação coletiva é verificar se há correspondência entre as atribuições institucionais da parte e o interesse em discussão.

A aproximação entre o interesse protegido e a parte autora é indicada por Paulo César Pinheiro Carneiro como um relevante passo para a garantia da efetiva defesa do direito em discussão, pois "a legitimação da pessoa ou das pessoas mais adequadas para a defesa de um direito, tenha a natureza que tiver, possibilitará que ele possa efetivamente ser reclamado, da melhor forma e com o melhor desempenho".

A exigência da comprovação prévia da inexistência de recursos configura um indevido óbice à atuação da Defensoria Pública da União; eis que a hipossuficiência do ponto de vista organizacional poderá ser identificada a partir do próprio pedido formulado.

Nesse sentido, registra Ada Pellegrini Grinover:

> Saliente-se, ainda, que a necessidade de comprovação da insuficiência de recursos se aplica exclusivamente às demandas individuais, porquanto, nas ações coletivas, esse requisito resultará naturalmente do objeto da demanda – o pedido formulado. Bastará que haja indícios de que parte ou boa parte dos assistidos sejam necessitados. E, conforme já decidiu o TRF da 2ª Região, nada há nos art. 5º, LXXIV e 134 da CF que indique que a defesa dos necessitados só possa ser individual (Apelação cível n. 2004.32.00.005202-7/AM). Seria até mesmo um contrassenso a existência de um órgão que só pudesse defender necessitados individualmente, deixando à margem a defesa de lesões coletivas, socialmente muito mais graves.

O Superior Tribunal de Justiça (STJ) posiciona-se no sentido do cabimento da ação civil pública ajuizada pela Defensoria Pública para a defesa de direitos difusos. Espera-se, assim, que este seja o posicionamento das cortes trabalhistas até mesmo diante da natureza do direito fundamental ao trabalho por ela protegido, afinal:

> Quem mais precisa da tutela dos direitos difusos são os carentes assistidos pela Defensoria Pública. Só isso já é suficiente, dentro de uma hermenêutica minimamente substancialista, para espancar qualquer dúvida acerca da validade e da conveniência da legitimidade da Defensoria no tocante à defesa de direitos difusos. Pudesse ser recusada tal legitimidade, estaríamos afastando os necessitados desses direitos indivisíveis, o que seria altamente discriminatório.

Conclusão

O novo e amplo conceito de acesso à justiça trazido pela Constituição Federal de 1988, que abrange a tutela dos interesses metaindividuais, sedimentou um novo olhar sobre os conflitos sociais existentes em uma sociedade cada dia mais complexa e massificada.

As inovações legislativas que resultaram na formação de um novo sistema integrado de acesso à justiça trouxeram uma nova possibilidade de resolução de conflitos na seara trabalhista, e, embora referentes, na essência, a uma coletividade de pessoas, acabam sendo tratadas com base no clássico modelo — liberal e burguês — restrito à solução de processos individuais.

Em matéria de legitimação para a defesa dos interesses metaindividuais dos trabalhadores, neles incluídos os difusos, individuais homogêneos e coletivos, o direito brasileiro consagrou a legitimação disjuntiva e concorrente para promoção de ações civis públicas e ampliou o rol de legitimados ativos para incluir a Defensoria Pública.

Responsável por prestar uma assistência que não se restringe à atuação judicial, a Defensoria Pública passou a exercer um papel ampliado na garantia de acesso a direitos — individuais ou coletivos — da população carente, tendo a legislação lhe conferido ampla legitimidade para a propositura de ações civis públicas.

Diante disso, de acordo com a nova hermenêutica constitucional, a interpretação a ser dada ao art. 134 da CF/88 na análise da legitimidade à Defensoria Pública para a tutela coletiva de direitos deve considerar que essa instituição foi criada especificamente para o fim de efetivar o direito fundamental à assistência jurídica integral e gratuita custeada pelo Estado. Portanto sua forma de atuação deve estar condicionada à utilização de todos os instrumentos legais disponíveis para o cumprimento de sua missão constitucional.

Dessa forma, em se tratando de direitos individuais homogêneos, faz-se necessária a atuação da DPU na Justiça do Trabalho se dentre os titulares desse direito houver algum trabalhador hipossuficiente.

Eventual existência, dentro do grupo lesionado, de pessoas não consideradas hipossuficientes do ponto de vista econômico, e que possam ser beneficiadas com o processo, deve ser verificada na fase de liquidação da sentença, nos termos do art. 91 e ss. do Código de Defesa do Consumidor c/c o art. 21 da Lei da Ação Civil Pública, que será promovida pela Defensoria Pública no caso de hipossuficientes, ou por advogado particular, para os demais.

No que pertence aos direitos coletivos *stricto sensu*, a atuação da Defensoria Pública da União na defesa desses direitos é cabível quando se trata de um grupo ou uma categoria de trabalhadores necessitados do ponto de vista econômico ou organizacional.

Para a defesa dos direitos difusos, cujos titulares são indeterminados, o que se faz necessário é analisar a pertinência entre o objeto da demanda e as atribuições da Defensoria Pública da União, o que também ocorre em relação aos demais direitos coletivos em espécie. Ou seja, mais importante do que definir a titularidade do direito para se definir a legitimidade para a ação coletiva é verificar se há correspondência entre as atribuições institucionais da parte e o interesse em discussão. Em caso positivo, a legitimidade da Defensoria Pública da União encontra-se devidamente fundamentada.

Referências bibliográficas

ALVES, Cleber Francisco. *Justiça para todos!* Assistência Jurídica Gratuita nos Estados Unidos, na França e no Brasil. Rio de Janeiro: Lumen Juris, 2006.

BARROSO, Luís Roberto. *Interpretação e aplicação da Constituição:* fundamentos de uma dogmática constitucional transformadora. São Paulo: Saraiva, 2003.

_____. *O direito constitucional e a efetividade de suas normas – limites e possibilidades da Constituição Brasileira.* Rio de Janeiro: Renovar, 2003.

BRASIL. *STJ.* REsp 1264116/RS, rel. ministro Herman Benjamin, Segunda Turma, julgado em 18/10/2011, DJe 13/4/2012. Disponível em: <http://www.stj.jus.br/SCON/jurisprudencia/toc.jsp?tipo_visualizacao=nullHYPERLINK "http://www.stj.jus.br/SCON/jurisprudencia/toc.jsp?tipo_visualizacao=null&livre=legitimidade+defensoria+p%FAblica+a%E7%E3º+c ivil+p%FAblica+&b=ACOR"&HYPERLINK "http://www.stj.jus.br/SCON/jurisprudencia/toc.jsp?tipo_visualizacao=null&livre=legitimidade+defensoria+p%FAblica+a%E7%E3º+ civil+p%FAblica+&b=ACOR"livre=legitimidade+defensoria+p%FAblica+a%E7%E3º+civ il+p%FAblica+HYPERLINK "http://www.stj.jus.br/SCON/jurisprudencia/toc.jsp?tipo_visu alizacao=null&livre=legitimidade+defensoria+p%FAblica+a%E7%E3º+civil+p%FAblica+&b=ACOR"&HYPERLINK "http://www.stj.jus.br/SCON/jurisprudencia/toc.jsp?tipo_visualiz acao=null&livre=legitimidade+defensoria+p%FAblica+a%E7%E3º+civil+p%FAblica+&b=A COR"b=ACOR#DOC2>. Acesso em: 17 out. 2012.

CANOTILHO, José Joaquim Gomes. *Direito constitucional e teoria da Constituição.* Coimbra: Livraria Almedina, 2002.

CAPPELLETTI, Mauro; GARTH, Bryant [tradução de Ellen Gracie Northfleet]. *Acesso à Justiça.* Porto Alegre: Sérgio Antônio Fabris, 1988.

CARNEIRO, Paulo César Pinheiro. *Acesso à justiça:* juizados especiais cíveis e ação civil pública: uma nova sistematização da teoria geral do processo. Rio de Janeiro: Forense, 2007.

CUNHA, Alexandre Teixeira de Freitas Bastos. Os direitos sociais na Constituição. Vinte anos depois. As promessas cumpridas ou não. *In:* MONTESSO, C.; FREITAS M. A.; STERN, M. F. (Coords.). *Direitos sociais na Constituição de 1988:* uma análise crítica 20 anos depois. São Paulo: LTr, 2008, p. 23-24.

GRINOVER, Ada Pellegrini et. al. *Código Brasileiro de Defesa do Consumidor comentado pelos autores do anteprojeto.* 7. ed. Rio de Janeiro: Forense Universitária, 2001.

GRINOVER, Ada Pellegrini. Parecer sobre a legitimidade da Defensoria Pública para o ajuizamento de Ação Civil Pública. *Revista da Defensoria Pública,* v. 4, n. 2, p. 143-165, jul./dez. 2011.

JUNQUEIRA, Eliane Botelho. "Acesso à Justiça: um olhar retrospectivo". *Revista Estudos Históricos*, n. 18, v. 9, p. 389-402, 1996.

LAGES, Isabel Reis; LEITE, Carlos Henrique Bezerra. Formação humanística e efetivação do acesso coletivo à justiça: a importância da inserção dos direitos humanos no concurso público de ingresso para o cargo de juiz do trabalho substituto. *Revista Eletrônica da Escola Judicial do Tribunal Regional do Trabalho da 17ª Região*, Vitória, ano 1, n. 1, set. 2012.

LANGER, Octaviano. A tutela coletiva como instrumento de acesso à justiça. *Revista de Direito Público*, Londrina, v. 5, n. 3, p. 46-65, dez. 2010.

LEITE, Carlos Henrique Bezerra. Acesso coletivo à justiça como instrumento para efetivação dos direitos humanos: por uma nova mentalidade. *Revista da ESMAT*, v. 13, ano 2, n. 2, p. 8-30, nov. 2009.

_____. *Ação civil pública na perspectiva dos direitos humanos*. 2. ed. São Paulo: LTr, 2008.

LIMA, Frederico Rodrigues Viana de Lima. *Defensoria Pública*. Salvador: Jus Podivm, 2010.

SOUSA, José Augusto Garcia de. A legitimidade da Defensoria Pública para a tutela dos interesses difusos (uma abordagem positiva). *Revista da EMERJ*, v. 13, n. 51, p. 94-128, 2010.

RÉ, Aluísio Lunes Monti Ruggeri. A atuação da Defensoria Pública sob o prisma do Constitucionalismo. *Revista da Defensoria Pública*, v. 4, n. 2, p. 37-53, jul./dez. 2011.

6. Concretização do direito fundamental de acesso à justiça na seara laboral através da tutela da evidência

Vitor Salino de Moura Eça e Aline Carneiro Magalhães

Sumário: 1. Introdução. 2. O acesso à justiça como direito humano fundamental. 3. A pespectiva contemporânea do direito de acesso à justiça. 4. A tutela da evidência. Conclusão. Referências bibliográficas.

1. Introdução

O tempo, indispensável para a formação do provimento jurisdicional, muitas vezes, pelo seu excesso, acaba sendo fonte de dano e injustiça, principalmente para aqueles, como os trabalhadores, que dependem do crédito decorrente de demanda judicial para suas necessidades existenciais.

Ele foi um dos responsáveis pela denominada "crise da justiça", pois se observou que o processo moroso e formalista não respondia mais aos anseios da sociedade contemporânea, marcada pelo signo da celeridade, instantaneidade, massificação e globalização.

Neste contexto, percebeu-se também que, ao lado da previsão legal do direito humano e fundamental de acesso à justiça e da existência de meios que permitissem à parte, de fato, ir ao Judiciário, deveria ser conferido ao jurisdicionado uma prestação jurisdicional tempestiva, efetiva e adequada.

O descompasso entre o modelo processual e a realidade, e a concepção contemporânea do princípio da inafastabilidade, que pressupõe uma prestação jurisdicional com as referidas características, fez com que os operadores do direito buscassem novas técnicas que se adequassem melhor ao contexto atual.

Nas reformas realizadas no campo processual, uma das que melhor cumprem com este escopo é a tutela da evidência, prevista no § 6º do art. 273/CPC, pois possibilita a distribuição do tempo do processo entre as partes, permitindo ao autor gozar antecipadamente dos efeitos da tutela em relação ao pedido incontroverso.

Neste trabalho, buscamos, em primeiro lugar, caracterizar o acesso à justiça como direito humano fundamental. Na sequência, fizemos uma análise da sua compreensão sob uma perspectiva histórica. E, por fim, analisamos a tutela da evidência, passando pelo seu conceito, por seus pressupostos e sua forma de efetivação, com o escopo de demonstrar ser ela um instrumento hábil a concretizar o direito humano fundamental de acesso à justiça na sua perspectiva contemporânea.

2. O acesso à justiça como direito humano fundamental

A doutrina não é unânime quanto ao surgimento dos direitos humanos, mas pode-se atribuir ao reconhecimento da existência de uma igualdade entre os homens decorrente do simples fato de sua humanidade, de sua superioridade em relação aos outros seres e de sua racionalidade, como dados iniciais para a sua construção.

A justificativa desses direitos veio de diversos ramos do conhecimento, passando pela religião e pela filosofia, e foi, no decorrer da história, se desenvolvendo e consolidando.

De acordo com Alexandre de Moraes (1998, p. 40), "não é fácil a definição de direitos humanos [...] e qualquer tentativa pode significar resultado insatisfatório e não traduzir para o leitor, à exatidão, a especificidade de conteúdo e a abrangência". A dificuldade na definição precisa e sintética do seu conceito é atribuída à "ampliação e transformação dos direitos fundamentais do homem no evolver histórico" (SILVA, 1999, p. 179).

Apesar do consenso doutrinário acerca da dificuldade de conceituação, podemos entender por direitos humanos aqueles direitos básicos, essenciais para que o homem tenha uma vida minimamente digna. Eles estão ligados a valores e bens escolhidos pelas pessoas em determinado momento histórico, a partir de seu desenvolvimento social, econômico e político, como imprescindíveis para a manutenção do limite existencial.

Nas palavras de Fabio K. Comparato (2001, p. 26), os direitos humanos caracterizam-se como "os valores mais importantes da convivência humana, aqueles sem os quais as sociedades acabam perecendo, fatalmente, por um processo irreversível de desagregação".

Ao lado da conceituação do termo, outra questão que divide a doutrina diz respeito à nomenclatura "direitos humanos e fundamentais". Comumente os termos são usados como sinônimos, mas quem os difere sustenta sua posição afirmando que a expressão "direitos fundamentais" se aplica aos direitos do ser humano reconhecidos e positivados na esfera do direito constitucional de determinado Estado, ao passo que a expressão "direitos humanos" diz respeito aos documentos de direito internacional, que reconhecem tais direitos a todo ser humano, independentemente de sua vinculação com determinada ordem constitucional, tendo, assim, validade universal.

Apesar da diferenciação, é possível perceber que há cada vez mais uma coincidência e harmonização entre o conteúdo das declarações internacionais e dos textos constitucionais, tendo muitas Constituições do segundo pós-guerra se inspirado na Declaração Universal dos Direitos do Homem, de 1948, e nos documentos internacionais posteriores.

A partir de uma análise histórica, podemos observar que foram construídas importantes gerações de direitos humanos fundamentais, que se complementam, apresentando uma relação de dependência entre si, sendo os direitos previstos em uma geração necessários para a efetivação daqueles previstos em outra, formando, assim, um todo unitário, indivisível, que, por representar aquilo que é essencial para o ser humano, não pode ser renunciado, suprimido ou diminuído.

Os direitos de primeira geração, também chamados de liberdades individuais, datam do século XVII e XVIII, fruto das revoluções da época burguesa e industrial e do Estado Liberal. Esse era caracterizado pela criação de normas que anunciavam a liberdade do homem perante o Estado, a igualdade formal entre os cidadãos, a supremacia da propriedade privada e a não intervenção pública nas relações privadas. Segundo José Felipe Ledur (1998, p. 30), os direitos fundamentais clássicos são direitos de liberdade por traduzirem um espaço privado vital não sujeito à violação do Estado, que expressa a ideia de autonomia do indivíduo frente a ele. Essa autonomia também significa que a pessoa passa a ser responsável pela sua vida, sua subsistência, seu presente e futuro, não havendo espaço para qualquer tipo de paternalismo.

O avanço do liberalismo econômico e político, o individualismo e a abstenção estatal, com o passar do tempo, implicaram na deterioração da questão social. Enquanto uma minoria gozava da riqueza oriunda do modelo de produção, a maioria da população vivia em condições precárias com privações de todos os sentidos. O trabalho e, mais, os trabalhadores eram vistos como mercadorias, sujeitos às leis da oferta e da procura, submetidos a condições de trabalho desumanas e a salários que mal lhes permitia se alimentar, não havendo qualquer amparo do Estado.

A insatisfação e a revolta decorrentes dessa situação geraram, paulatinamente, a luta, capitaneada pelos trabalhadores, por melhores condições de vida.

Neste contexto, a preocupação com a questão social ganha relevo e importância, deixando o Estado sua postura passiva para assumir um papel de mitigador dos conflitos sociais, promotor de políticas públicas, justiça social e paz econômica, pois "de nada adiantava as constituições e a lei reconhecerem liberdades a todos, se a maioria não dispunha de condições materiais para exercê-las" (SILVA, 2009, p. 163).

Surgem, assim, no início do século XX, os direitos humanos de segunda geração, também chamados de direitos sociais, caracterizados pela atribuição ao cidadão do poder de exigir do governo o cumprimento de prestações positivas. O Estado Social tem o dever de agir positivamente para promover o efetivo acesso do homem a direitos como educação, saúde, previdência, trabalho e lazer, por meio de programas de ação.

Segundo Ferreira Filho (2009), os direitos sociais foram consagrados em 1919 e reiterados após a Segunda Guerra Mundial, mas seu coroamento se deu com a Declaração Universal dos Direitos do Homem de 1948, em que os direitos fundamentais de primeira geração (as liberdades) e os de segunda geração (os direitos sociais) passaram a conviver lado a lado, de maneira harmônica e interdependente.

Na sequência histórica, após a Segunda Grande Guerra, foram conhecidos os direitos humanos de terceira geração, que se relacionam aos povos e à humanidade, são pluralistas e se conectam ao desenvolvimento, ao meio ambiente, ao patrimônio comum da humanidade e à autodeterminação dos povos.

A doutrina, ainda que sem consenso, faz referência a direitos humanos de quarta (biodireito e bioética) e quinta (direito à paz) gerações, próprios do século XXI.

Traçado esse panorama geral acerca dos direitos humanos e voltando os olhos para aquele que é o objeto central de nossa análise, podemos dizer que o direito de acesso à justiça classifica-se tanto como direito de primeira geração humano, por sua previsão em documentos de Direito Internacional, a exemplo da Declaração dos Direitos do Homem de 1948, quanto como direito fundamental, por estar expresso na Constituição de 1988.

Trata-se de um direito indispensável ao ser humano, por meio do qual todo cidadão, proibido de fazer justiça pelas próprias mãos, e em igualdade de condições, vai ao Poder Judiciário para que esse pronuncie o direito no caso concreto. Por meio do exercício do direito de acesso à justiça, todos os demais direitos quando não cumpridos espontaneamente podem vir a ser gozados pelo seu titular.

3. A perspectiva contemporânea do direito de acesso à justiça

A partir de uma análise histórica, percebe-se que o significado do direito humano fundamental de acesso à justiça nem sempre foi o mesmo, e sua compreensão está intimamente vinculada ao modelo político de Estado, ao contexto e à sociedade a que se liga.

No Estado Liberal, caracterizado (i) pela ausência de intervenção estatal na sociedade, em especial na economia, (ii) pela atuação estatal voltada a evitar o desrespeito às normas e a punir aqueles que as violassem, e (iii) pelo desenvolvimento e pela afirmação dos direitos humanos fundamentais de primeira geração de cunho eminentemente individualista e ligados a todas as formas de liberdade, o direito de acesso à justiça era considerado o direito positivado de qualquer do povo buscar uma decisão do Judiciário.

A lei, neste contexto, pregava a igualdade formal dos cidadãos que, teoricamente, detinham as mesmas condições para exercer o referido direito, sendo ignoradas as diferenças de cunho social ou econômico que pudessem comprometer a sua efetividade.

A positivação e a universalização do direito de acesso à justiça eram entendidas como suficientes à época, não havendo preocupação quanto a esse direito poder, de fato, ser exercido ou não, ou seja, quanto à parte dispor de meios para acessar o Judiciário.

Paralelamente, o processo nessa época era marcado pelo tecnicismo, legalismo, positivismo jurídico acrítico, formalismo e neutralismo do poder judiciário, fatores que corroboravam com a indiferença às especificidades do conflito e as desigualdades entre as partes.

No Estado Social, caracterizado por agir positivamente em prol dos cidadãos, promovendo políticas públicas voltadas à melhoria da sua condição de vida, o acesso à justiça ganhava novos contornos.

A partir de então se passou a entender que não bastava a lei garantir formalmente tal direito, ela devia oferecer meios para o seu exercício, levando em consideração as diferenças fáticas dos cidadãos na qualidade de jurisdicionados. Para tanto, aos que não podiam pagar custas processuais sem comprometimento do sustento próprio ou de sua família foi conferida a isenção de custas. Aos que não tinham recursos financeiros para contratar um advogado, o Estado forneceu o serviço de assistência judiciária e, assim, foi criando meios para que as pessoas pudessem realmente ir à Justiça.

Nesse período, o processo entra em sua fase moderna, ou científica, passando a ser "visto como instrumento de pacificação social e de realização da vontade da lei e apenas secundariamente como remédio tutelar dos interesses particulares" (THEODORO JUNIOR, 2006, p. 15).

Apesar dos avanços e benefícios alcançados no período, o Estado Social entra em crise, em especial no que tange ao financiamento da saúde e da previdência, seus pilares fundamentais, que passaram a ser muito onerosos. A crise do petróleo da década de 1970, a reestruturação produtiva, o incremento da tecnologia, das comunicações e da globalização contribuíram para a falência do referido modelo, que deu lugar à política neoliberal.

No âmbito nacional, esses acontecimentos foram contemporâneos à promulgação da Constituição de 1988, que estabeleceu o Estado Democrático de Direito, representando a redemocratização do país.

Este novo Estado foi marcado não só pela positivação de direitos, em especial fundamentais, mas também pela busca de sua proteção e efetivação. De acordo com a CR/88, o estado passa a ter como um dos seus objetivos a construção de uma sociedade livre, justa e solidária e como fundamentos os princípios da dignidade da pessoa humana e do valor social do trabalho.

O direito de acesso à justiça, nessa Constituição, foi alçado ao patamar de direito fundamental.

Agora, a sua compreensão não só abrange o direito positivado de qualquer um recorrer ao judiciário e a existência de meios que permitam o seu real exercício, mas também requer que a prestação jurisdicional realizada seja tempestiva, adequada e efetiva, com observância do princípio constitucional do devido processo legal e seus consectários (contraditório, ampla defesa, motivação das decisões, duplo grau). De acordo com Marinoni:

> "O direito de ação, na sua concepção clássica e ainda presente em grande parte da doutrina do processo, não é mais do que o direito à solução do litígio ou o direito a uma sentença de mérito, seja ela de procedência ou de improcedência do pedido. Nesta dimensão, não há dúvida de que o direito de ação fica muito distante do direito à duração razoável do processo. Porém, quando o direito de ação é compreendido como o direito às técnicas processuais idôneas à viabilidade da obtenção das tutelas prometidas pelo direito material, ele se aproxima do direito à duração razoável do processo. Isto porque quando se considera o direito à obtenção da tutela do direito material se toma em conta a sua 'efetividade' que também reclama a sua 'tempestividade'. Ao se deixar de lado a concepção clássica do direito de ação, atribui-se a ele significado de direito à tutela jurisdicional efetiva, inserindo-se no direito de ação o direito à tempestividade da prestação jurisdicional." (MARINONI, 2009, p. 83)

E complementa o referido autor: "O direito à defesa, assim como o direito à tempestividade da tutela jurisdicional, é direito constitucionalmente tutelado. Todos sabem, de fato, que o direito de acesso à justiça, garantido pelo art. 5º, XXXV, da Constituição da República, não quer dizer apenas que todos têm direito de ir a juízo, mas também quer significar que todos têm direito à tutela jurisdicional efetiva, adequada e tempestiva." (MARINONI, 2002, p. 18)

O processo contemporâneo caracterizado pela igualdade de oportunidades, por instrumentalismo e efetividade, vem passando por inúmeras reformas com vistas a "abandonar a preocupação exclusiva com conceitos e formas, para dedicar-se à busca de mecanismos destinados a conferir à tutela jurisdicional o grau de efetividade que dela se espera" (THEODORO JUNIOR, 2006, p. 19). Essas reformas vêm para combater a denominada "crise da justiça", gerada, dentre outros motivos, pela morosidade da prestação jurisdicional, mais perceptível quando contrastada com uma sociedade marcada pelo signo da rapidez e instantaneidade, e pelo descompasso entre o modelo processual e os anseios dos jurisdicionados.

O acesso à justiça nos dias de hoje é visto como um acesso que proporciona, como ressaltado, uma tutela jurisdicional tempestiva, adequada e efetiva. Nas palavras de Teori Albino Zavascki:

> "[...] o dever imposto ao indivíduo de submeter-se obrigatoriamente à jurisdição estatal não pode representar um castigo. Pelo contrário: deve ter como contrapartida necessária o dever do Estado de garantir a

utilidade da sentença, a aptidão de garantir, em caso de vitória, a efetiva e prática concretização da tutela. E não basta à prestação jurisdicional do Estado ser eficaz. Impõe-se seja também expedita, pois é inerente ao princípio da efetividade da jurisdição que o julgamento da demanda se dê em prazo razoável, 'sem dilações indevidas'. O direito fundamental à efetividade do processo — que se denomina também, genericamente, direito de acesso à justiça ou direito à ordem jurídica justa — compreende, em suma, não apenas o direito de provocar a atuação do Estado, mas também e principalmente o de obter, em prazo adequado, uma decisão justa e com potencial de atuar eficazmente no plano dos fatos" (ZAVASCKI, 2009, p. 26).

No que tange à tempestividade, vale ressaltar o importante e dicotômico papel que o tempo exerce no processo. Isso porque, se por um lado a decisão para ser proferida demanda tempo para que o magistrado, com auxílio das partes, por meio do exercício do contraditório, forme o seu convencimento, de outro, "o tempo pode tornar o processo inócuo, tendo em vista que a resposta jurídica pode advir quando ela já nada mais pode resolver" (GONÇALVES, 2011, p. 285). A morosidade, além de gerar descrença no Estado como pacificador dos conflitos sociais e inibir o acesso à Justiça, pode, como dito, levar à ineficácia da tutela tardiamente concedida e impor um peso muito grande ao litigante. Ela ainda representa "ameaça à efetividade, pois prolonga o estado de insatisfação do direito, afastando a necessária identidade entre a tutela jurisdicional e o cumprimento espontâneo do direito" (BEDAQUE, 2003, p. 25).

Para que o acesso à justiça seja tempestivo e útil, o legislador pátrio introduziu no ordenamento jurídico diversas técnicas processuais, dentre elas, a antecipação da tutela nos casos de evidência e urgência, disposta no art. 273 do CPC.

Em alguns casos, a incontroversa do pedido e a defesa protelatória são os fundamentos da antecipação, na medida em que não é justo fazer o autor esperar para gozar de um direito que, de plano, já se mostra devido. Noutros, o autor não pode esperar o desenvolvimento de todo o *iter* procedimental para usufruir o bem objeto do litígio, sob pena de dano irreparável ou de difícil reparação, fazendo com que a urgência justifique a antecipação dos efeitos da tutela.

No que tange à tutela da evidência, especificamente, Marinoni assevera que: "Se um direito (ou uma parcela de um direito) pode se mostrar incontrovertido no curso de um processo também destinado a investigar a existência de outro direito (ou da parcela do direito) que requer instrução dilatória, é necessário que este processo seja dotado de uma técnica que, atuando no seu interior, viabilize a realização imediata do direito incontrovertido. Isso porque é injusto obrigar o autor a esperar a realização de um direito que não se mostra mais controvertido. Ninguém pode negar, de fato, que um dos corolários do direito de acesso à justiça é o direito à tutela jurisdicional em um prazo razoável." (MARINONI, 2002, p. 130)

Agilizar a prestação jurisdicional e permitir que a parte usufrua os efeitos da tutela pretendida pela via da técnica antecipatória são formas de concretizar o direito fundamental de acesso à justiça na sua concepção contemporânea, que pressupõe tempestividade e efetividade, alcançáveis por meio dessas novas técnicas e de ritos processuais diferenciados, mas, em especial, por meio da tutela da evidência.

4. A tutela da evidência

A tutela da evidência, como ressaltado, é corolário do direito fundamental de acesso à justiça na perspectiva contemporânea, de forma que não basta o Estado garantir formalmente a todos, igualmente considerados, o direito de ir à Justiça para resolução de seus conflitos, devendo ele proporcionar meios materiais para a pessoa exercê-lo, e mais, deve realizar prestação jurisdicional tempestiva, adequada e efetiva. A solução tardia, na maioria das vezes, representa grande mal àquele que deve recorrer ao Judiciário frente a uma lesão ou ameaça a direito e que não pode fazer justiça pelas próprias mãos.

Ela é meio não apenas de concretizar o princípio da tempestividade e por consequência da efetividade da prestação jurisdicional, mas também o da isonomia, na medida em que distribui de forma mais equânime o ônus do tempo do processo entre as partes.

Sob esse último aspecto, ela representa um grande avanço em relação à forma como até então o processo se desenvolveu, pois, como dito, não se justifica fazer o autor esperar o fim do processo de conhecimento para gozar de um direito que, de plano, já se mostra devido.

A Lei n. 10.444/02 introduziu o § 6º no art. 273 do CPC, com inspiração na doutrina de Luiz Guilherme Marinoni, que, desde meados da década de 1990, já escrevia sobre a antecipação de tutela do direito evidente com base no art. 273, II, do CPC, que trata do abuso do direito de defesa ou do manifesto propósito protelatório do réu.

Conforme texto da exposição de motivos do PL n. 3.476/2000: art. 1º do Projeto — Art. 273, §§ 1º, 3º e 6º. Neste artigo alusivo à antecipação dos efeitos da tutela são sugeridas as seguintes modificações: [...] b) é acrescentado como § 6º um dispositivo sugerido por Luiz Guilherme Marinoni, que explicita a possibilidade de o juiz, nos casos em que uma parte do pedido ou dos pedidos se torne incontroversa, conceder desde logo a esse respeito a tutela antecipada. Essa sugestão apresenta-se consentânea com as preocupações de eficiência do "novo" processo civil.

A reforma veio como resposta aos reclamos por um processo efetivo e em tempo adequado, com técnicas processuais capazes de promover tais escopos.

O manejo do direito de ação foi mostrando que em muitas situações o direito da parte já estava demonstrado de plano, entretanto, em face da cumulação de pedidos, ela deveria esperar todo o *iter* procedimental necessário para o acertamento do direito controvertido, para então poder usufruir o bem da vida objeto do litígio. A cumulação de pedidos, pensada para otimizar a prestação jurisdicional, acabava por prejudicar o autor que tinha razão. E, se era possível antecipar a tutela nos casos de mera probabilidade, com muito mais razão deveria ser possível antecipá-la na hipótese de pedido incontroverso, que prescinde de instrução porque já devidamente comprovado.

Nas palavras de Marinoni:

> "Se o processo não pode prejudicar o autor que tem razão, ele obviamente não pode, ao admitir a cumulação de pedidos, protelar a tutela de um pedido que pode ser julgado de pronto. Frise-se que se o processo admite a cumulação de pedidos, mas não aceita a fragmentação do seu julgamento, ele está agravando a situação do autor que tem razão, uma vez que a definição do pedido que não requer instrução dilatória poderia ser feita de forma tempestiva apenas quando não houvesse cumulação. Em outras palavras: a cumulação de pedidos seria um atentado contra a tutela jurisdicional! [...] Portanto, e nesta linha, a tutela antecipatória do art. 273, § 6º, é o único remédio capaz de evitar que seja agravado o dano que é imposto a todo autor que tem razão." (MARINONI, 2002, p. 157)

A doutrina não é uníssona com o conceito da tutela da evidência, mas o que se pode concluir é que se trata da tutela de um direito (pedido ou parcela dele, como está disposto na lei, ou fato, como preferimos) que é demonstrado de plano, *prima facie*, que prescinde de instrução probatória. Diz-se que "a expressão vincula-se àquelas pretensões deduzidas em juízo nas quais o direito da parte revela-se evidente, tal como o direito líquido e certo que autoriza a concessão do *mandamus* ou o direito documentado do exequente" (FUX, 1996, p. 305).

Luiz Fux (1996, p. 316) ainda aduz que a evidência do direito também "sofre a influência do 'balanceamento dos interesses em jogo', alguns casos acrescendo-se da credibilidade pessoal dos litigantes e do caráter de normalidade circunstancial do evento que ampara o pedido de tutela". Nesse sentido, é interessante fazer um paralelo com o que Mauro Cappelletti (1988) denomina de litigante habitual, ou seja, aquele que reiteradamente é demandado pelo descumprimento dos mesmos direitos e, em regra, é condenado. Essa circunstância contribui para a evidência do direito.

A concessão da tutela da evidência pressupõe a existência de um pedido (fato), ou uma parcela dele, incontroverso, que é aquele que já se mostra comprovado e não precisa da fase de instrução probatória, podendo ser deferido de plano, e qualquer defesa apresentada em face dele mostra-se carente de seriedade, sendo meramente protelatória. A doutrina, entretanto, não é uníssona quanto ao que seja um pedido incontroverso.

Assevera Marcelo Moura (1996, p. 439) que o pedido será incontroverso quando o réu expressamente reconhecer o direito ou quando, por omissão (voluntária ou involuntária), deixar de atender ao ônus da impugnação específica consagrado pelo art. 300 do CPC. Na mesma linha, Mauro Schiavi (2012), para quem pedido incontroverso é o que não foi contestado ou que foi admitido pelo réu.

Já Marinoni (2002, p. 159) entende que incontroverso "não é apenas o que não foi contestado ou foi reconhecido, mas o pedido (ou sua parte) que estiver maduro para julgamento".

Para Teori Albino Zavascki, é incontroverso o pedido indiscutível, ou seja, aquele sobre o qual não é possível travar qualquer discussão; mesmo que se tente, a defesa será infundada, pois não há argumentos capazes de infirmar o pleito. Segundo o autor: "[...] além da ausência de controvérsia entre as partes, somente poderá ser tido como incontroverso o pedido que, na convicção do juiz, for verossímil". "Incontroverso", em suma, não é "indiscutido", mas, sim, "o indiscutível". "[...] pode-se dar ao conceito de pedido incontroverso um sentido ampliado, mais afinado com uma interpretação teleológica da norma: será considerado incontroverso o pedido, mesmo contestado, quando os fundamentos da contestação sejam evidentemente descabidos ou improcedentes. Em outras palavras: quando não haja contestação séria. Essa ausência de seriedade ou razoabilidade, todavia, há de ser medida, não apenas a partir da convicção pessoal do juiz, mas à luz de critérios objetivos fornecidos pelo próprio sistema de processo." (ZAVASCKI, 2009, p. 112)

Por fim, Cássio Scapinella Bueno entende que incontroverso é o que não precisa de prova complementar, ficando demonstrado de plano. Pedido incontroverso tem sentido bem claro na dinâmica probatória do processo civil: é aquele que não depende de prova complementar. De fato, a "incontroversa" de um ou mais dos pedidos dispensa a parte contrária do ônus da prova (art. 334, II e III, c/c o art. 330, I). Trata-se, pois, daquele que foi já suficientemente comprovado. Não se trata aqui de uma suficiência probatória momentânea (verossimilhança), mas definitiva (incontroversa). A análise desse pressuposto revela que a lei exige mais do que o *caput* para a concessão da "tutela antecipada". Fosse mera verossimilhança, como no *caput,* e seria lícita a produção ulterior de prova para infirmar o grau de convicção já formado no espírito do magistrado. Não no § 6º, entretanto. (BUENO, 2004, p. 49)

Importante definir a que respeito diz a incontroversa, se aos pedidos cumulados (ou parte deles) ou, bem diferentemente, se à causa de pedir. Entendemos que são os fatos subjacentes ao pedido, que lhe dão embasamento, que independem de prova ulterior, e não propriamente o pedido (em si mesmo considerado) que deve ficar incontroverso.

Para a antecipação da tutela no caso da evidência, temos como pressupostos (i) a existência de incontroversa na causa de pedir, que se dá mediante a produção suficiente de prova já no início do processo, ficando demonstrado que o direito do autor é devido, claro, evidente, e (ii) uma defesa frágil e meramente protelatória, que não traz qualquer prova ou fundamento que faça do pedido controvertido.

Neste sentido, assevera Marinoni (2002, p. 26) que "um direito é evidenciado de pronto quando é demonstrado desde logo", e complementa dizendo que a tutela antecipada nesses casos pressupõe a evidência do direito do autor e a fragilidade da defesa do réu, não bastando apenas a caracterização do primeiro.

A prova existente previamente deve ser forte e clara o suficiente para a formação do convencimento do magistrado, sob pena de não ser possível a antecipação da tutela.

Sobre esta prova, é certo que ela deve ser produzida junto à inicial e com a defesa, sendo, assim, uma prova documental. Questiona-se se a prova emprestada juntada com a inicial também pode ser utilizada como meio de gerar um pedido incontroverso. Para Marinoni (2002, p. 84), ela "é suficiente para tornar um direito evidente e, assim, legitimar a sua pronta tutela". Na mesma linha, entendemos que, desde que ela seja produzida com respeito ao princípio do contraditório e com participação da parte contra quem deva operar, aparentemente, não há qualquer óbice para seu uso, sendo ela legítima.

Para a concessão da tutela da evidência, não há necessidade de urgência, como no caso da antecipação prevista no inciso I, art. 273, do CPC. O que se visa combater com essa tutela, como já ressaltado, não é o dano irreparável ou de difícil reparação, mas a demora da prestação jurisdicional para aquele pedido que não necessita esperar todo o *iter* procedimental para ser deferido.

Através de seu uso é possível inibir a conduta dos maus litigantes, que usam o tempo do processo como aliado no descumprimento de normas de direito material (no plano extraprocessual), pois, cientes da sua morosidade, torna-se vantajoso, do ponto de vista puramente econômico, não observar oportunamente direitos básicos do trabalhador, que só serão efetivados depois de toda a delonga processual. Para tanto, se valem de defesas protelatórias, que visam tão somente a adiar ao máximo a entrega do bem objeto do litígio.

Além de combater essa lógica, a tutela da evidência visa a distribuir o ônus do tempo do processo entre as partes, promovendo o da igualdade e resgatando a confiança do jurisdicionado no Poder Judiciário e, em última análise, no Estado.

Como não há o requisito da urgência na tutela da evidência, não há equivalência entre um dos pressupostos que permite a fungibilidade entre a tutela cautelar e a tutela antecipada, o *periculum in mora*. Assim, em face da inexistência de requisitos comuns, não se aplica a hipótese do § 7º àquela prevista no § 6º do art. 273 do CPC.

No que tange à forma para se requerer a medida, cumpre ressaltar que não existe qualquer padrão a ser cumprido, podendo o pedido ser escrito ou oral. No Processo do Trabalho, em que há prevalência dos princípios da simplicidade, celeridade, oralidade e concentração, entendemos que o pedido pode ser feito tanto por meio de petição juntada aos autos quanto verbalmente na própria audiência após o exercício do contraditório, preferencialmente com a fixação dos pontos controvertidos pelo magistrado.

A parte legitimada para requerer a tutela é o autor, único interessado em poder gozar, antecipadamente, de parte do bem objeto do litígio. Como na tutela da evidência não há o requisito da urgência, entendemos não ser cabível, em hipótese alguma, o juiz agir *ex officio* no deferimento da medida.

Questão controvertida diz respeito à cognição realizada na tutela da evidência. Alguns autores dizem que a cognição é a mesma da tutela de urgência, ou seja, superficial e sumária, baseada em verossimilhança. Outros, entretanto, defendem que se não há mais necessidade de produção de provas é porque o pedido, ou uma parcela dele (fatos), já está analisado de maneira exauriente, sendo essa a cognição feita em sua relação.

Entende Marinoni (2009, p. 291) que a tutela antecipada baseada no § 6º do art. 273 do CPC funda-se em cognição plena e exauriente, não podendo ser revogada ou modificada.

No mesmo sentido, Luiz Fux (1996, p. 320) afirma que a própria evidência do direito "propicia 'cognição exauriente imediata', a mesma que se empreenderia ao final de um processo onde fossem necessárias etapas de dissipação da incerteza quanto ao direito alegado".

A tutela antecipada na hipótese do § 6º do art. 273, segundo João Barista Lopes, "implica o acolhimento do próprio pedido, e não de simples efeitos práticos dele, em razão da ausência de controvérsia", assim, "ao antecipar a tutela nas hipóteses em exame, o juiz pronuncia a certeza do direito, e, portanto, a cognição é exauriente" (LOPES, 2007, p. 177).

O nosso entendimento no que tange à cognição segue o dos citados doutrinadores, sendo essa plena e exauriente *secundum eventum probationis,* prescindindo o pedido antecipadamente deferido da fase de instrução probatória posterior. Logo no início da demanda, do cotejo da inicial com a defesa, o pedido se mostra satisfatoriamente comprovado, sendo possível a abreviação do procedimento em relação a esse, independentemente do procedimento em que a tutela é requerida (ordinário, sumário ou sumaríssimo).

No que tange à natureza jurídica da decisão que defere a tutela com base no § 6º do art. 273 do CPC, há dissenso na doutrina se seria uma decisão interlocutória ou um julgamento antecipado parcial.

Afirma Cássio Scarpinella Bueno (2004, p. 53) que a decisão que antecipa a tutela nesta hipótese só não se trata de sentença por sua função processual que não encerra do processo, pois na petição havia uma cumulação de pedidos, não estando todos aptos a serem julgados. A decisão, assim, se classifica como interlocutória.

Para Marinoni (2009, p. 291), há o desmembramento da decisão final, que é antecipada, e não decisão interlocutória. Dá-se "tutela final à parte da demanda que se mostra incontroversa no curso do processo, e não tutela de cognição sumária ou propriamente antecipatória".

Teori Albino Zavascki (2009, p. 113), por sua vez, afirma que, para a imediata tutela da parte incontroversa do pedido, talvez a melhor solução tivesse sido a cisão do julgamento, permitindo sentença parcial, mas definitiva, de mérito, sendo prestada a imediata, completa e definitiva tutela jurisdicional. Entretanto, esse não foi o caminho escolhido pelo legislador, que preferiu o caminho da tutela antecipada.

O legislador, segundo Dinamarco (2003), não quis ousar a ponto de permitir o julgamento parcial, optando pela antecipação de tutela que enseja uma decisão interlocutória.

Há ainda a consideração de Bedaque (2003), para quem a decisão é interlocutória, mas com características de definitiva, uma espécie de julgamento antecipado parcial.

A nosso modo de ver, o sistema processual, como está posto hoje, somente permite uma sentença que englobe a totalidade da demanda e nela ponha fim, motivo pelo qual optamos por enquadrar a tutela do pedido incontroverso como decisão interlocutória, como é toda decisão proferida em sede de tutela antecipada, mas proferida com base em cognição plena e exauriente.

A decisão interlocutória deve apenas ser confirmada na sentença, não podendo ser modificada ou revogada, pois, em relação ao pedido incontroverso, houve cognição plena e exauriente *secundum eventum probationis,* conforme já ressaltado. Assim, a ela não se aplica o § 4º do art. 273 do CPC, que trata da possibilidade de revogação, tampouco o § 2º, pois, como a cognição realizada é plena e exauriente, não há que se falar em perigo de irreversibilidade, podendo a decisão ser impugnada por recurso próprio.

Uma vez deferida a tutela antecipada, a decisão que a concede deve ser capaz de promover resultados úteis no mundo dos fatos, sob pena de tornar-se inócua. A parte deve, efetivamente, poder gozar, de maneira antecipada, dos efeitos daquela tutela que, de outro modo, só poderia ocorrer após o fim do processo de conhecimento e, muitas vezes, após a execução. A motivação "do descortino do mundo dos direitos evidentes foi exatamente a morosidade dos procedimentos em face da evidência. Logo, de nada adiantaria permitir a tutela antecipatória da evidência sem o acompanhamento de instrumental realizador" (FUX, 1996, p. 332).

O deferimento da tutela, então, deve vir acompanhado de meios capazes de fazer com que ela realmente produza efeitos no mundo dos fatos.

Segundo Marinoni,

> "o problema que [...] objetiva ser resolvido pela tutela antecipatória é o da demora do processo. Se a 'antecipação' possui a finalidade de con-

ferir tutela jurisdicional mais célere, impedindo que aquele que recorre ao Poder Judiciário seja prejudicado pelo tempo da 'justiça', é pouco mais evidente que somente há efetiva antecipação da tutela quando esta é 'executada'. Em outras palavras: de nada adianta — para não se falar que é absurdo e contraditório — pensar na possibilidade de uma decisão que concede antecipação da tutela e que não pode ser imediatamente executada. É que, como é fácil perceber, a tutela depende, para realmente ter significado prático, da sua concreta interferência no plano da vida. Por isto é possível afirmar que, se a tutela depende de atos executivos, ela somente é efetivamente entregue ao seu destinatário no momento em que é 'executada'" (MARINONI, 2002, p. 202).

Na mesma linha de pensamento, assevera Cássio Scarpinella Bueno:

"[...] tutela jurisdicional significa, a um só tempo, o 'tipo' de proteção pedida ao Estado-juiz, mas, também — senão principalmente — os efeitos práticos dessa proteção no plano do direito material. Não basta que o juiz profira sua sentença. Isso não é suficiente para que ele entregue ao jurisdicionado que tem razão a 'tutela jurisdicional'. É mister que aquilo que estiver decidido na sentença possa, vez por todas, surtir efeitos práticos e palpáveis" (BUENO, 2004, p. 20).

O § 3º do art. 273 do CPC indica a forma como a tutela antecipada deve ser executada, e em sua redação antiga fazia remissão aos incisos II e III do art. 588 do CPC. Entretanto a Lei n. 10.444/2002 alterou a redação do referido artigo de maneira a ampliar o meio de efetivação da medida. O projeto de lei que proporcionou a alteração dizia que essa tinha o escopo de trazer "critérios para a efetivação da tutela antecipada, objetivando uma prestação jurisdicional mais célere e eficaz".

A alteração da expressão execução no referido artigo pela palavra efetivação permite uma ampliação no sentido e nas formas de dar concretude à medida. Ainda, a remissão aos art. 588 (execução provisória), 461, §§ 4º e 5 (cumprimento de obrigação de fazer e não fazer) e 461-A (cumprimento de obrigação de dar coisa) indica ao julgador formas de efetivar a tutela antecipada, que os aplicará "no que couber" e "conforme a natureza" do caso concreto.

A nova redação do artigo permite uma margem grande de criatividade e atuação do magistrado, que pode agir de maneira mais ampla com o escopo de fazer com que a medida surta efeitos práticos.

Não há uniformidade doutrinária no que tange à efetivação da tutela da evidência, mas, para a maioria dos autores, a ausência de urgência faz com que a decisão seja efetivada da mesma forma que as decisões condenatórias, se limitando à fase de penhora nos casos de execução provisória. A tutela serviria tão somente para antecipar essa fase, não havendo, de fato, a entrega do bem da vida, objeto do litígio ao demandante. Neste sentido, Cássio Scarpinella Bueno:

DIREITO MATERIAL E PROCESSUAL DO TRABALHO ■ 117

"[...] nos casos de antecipação de tutela com base no art. 273, II, e § 6º, o princípio da 'efetividade da jurisdição' parece repousar, suficientemente, na mera antecipação dos efeitos da sentença, sem necessidade de alterar a execução (ou efetivação) propriamente dita. A tutela antecipada concedida com base nesses dispositivos é, a bem da verdade, forma de antecipar o início da execução, de colocar o autor, beneficiário da tutela antecipada, na porta de entrada da execução, e nada mais que isso. Se o processo de execução que se segue à antecipação dos efeitos da tutela jurisdicional, e isso vale precipuamente para o processo de execução por quantia certa contra devedor solvente, é lento, demorado, é questão diversa, que reclama, à desnecessidade de incidência de qualquer outro princípio constitucional, alteração legislativa e não a intervenção do magistrado." (BUENO, 2004, p. 112)

No mesmo sentido, Teori Albino Zavascki, para quem se deve seguir o procedimento da execução provisória para a efetivação da tutela da evidência. E, no que se refere è efetivação da medida, considerando que não se faz presente nenhuma situação de urgência, não há por que adotar regime diferente do que seria adotado em caso de execução provisória da correspondente sentença de procedência. Assim, em se tratando de antecipação de prestação de fazer, não fazer ou entregar coisa, o cumprimento da medida se dará com observância do procedimento e com a adoção dos meios executivos previstos nos art. 461 e 461-A do Código de Processo Civil; e, em se tratando de prestação de pagar quantia, adotar-se-á o rito da execução provisória, disciplinada no art. 475-O, antecedido, se for o caso, de procedimento de liquidação (ZAVASCKI, 2009, p. 115).

José Roberto Freire Pimenta afirma que a efetivação da tutela da evidência pode ser feita por meio de ordem ao demandado ou via imediata execução provisória: [...] o § 6º do mesmo art. 273 do CPC, também acrescentado pela citada Lei n. 10.444/02, permitirá, por exemplo, que o juiz do trabalho, diante da incontroversa (decorrente dos termos da defesa apresentada pelo reclamado) do direito do reclamante a determinado valor líquido a título de verbas rescisórias, mesmo que ainda persista controvérsia entre as partes a respeito dos demais pedidos iniciais formulados pelo autor (versando, por exemplo, sobre horas extras não pagas e suas incidência), conceda desde logo, na inauguração da audiência, a antecipação da tutela de mérito relativa ao primeiro daqueles pedidos iniciais (ou até mesmo da parcela incontroversa desse pedido), mediante decisão mandamental e executiva *lato sensu* que veicule ordem ao demandado para que desde logo pague, no prazo razoável que então fixar, sob pena de incidência das medidas coercitivas que fixar (e à luz do que estabelecem o inciso V e o parágrafo único do art. 14 do CPC, introduzidos pela Lei n. 10.358/01) ou de imediata execução provisória daquela quantia, através dos meios sub-rogatórios idôneos para tanto. [...] (PIMENTA, 2004, p. 372).

Em primeiro lugar, cumpre ressaltar nossa concordância com parte da doutrina que chama a atenção para a inexistência de urgência no caso da tutela da evidência, logo, ao se tratar de sua efetivação, deve-se levar em conta esse fato.

De outro lado, não menos certa é a conclusão de que a tutela antecipada tem alguns objetivos, dentre eles, combater a morosidade da prestação jurisdicional e promover o princípio da efetividade. A tutela da evidência, em especial, visa a distribuir o ônus do tempo no processo, promover o princípio da igualdade e combater a postura do réu que se vale do seu direito constitucional ao contraditório simplesmente para protelar o resultado final da ação. Esses fatos também devem ser levados em consideração ao se tratar da efetivação da Tutela da Evidência, pois se de fato ela não gerar o gozo antecipado daquele direito que de plano o demandante mostrou que lhe é devido, acabará se tornando inócua e não serão cumpridos os fins a que se destina.

A nosso ver, quer parecer que a execução provisória é uma solução satisfatória para fins de efetivação da decisão interlocutória que deferiu um pedido incontroverso.

Assim, a interpretação contemporânea do art. 899 da CLT não mais o deveria limitar à penhora. Entendemos, em linha com a posição de Carlos Henrique Bezerra Leite, que deve ser feita uma "interpretação evolutiva do art. 899 da CLT, pois este, no particular, apresenta nítido envelhecimento" (LEITE, 2008, p. 935).

O contexto histórico deve ser apreendido pelo aplicador da norma, que se torna sensível ao fato de que muitas disposições legais não correspondem mais à realidade. Assim, ainda que a CLT contemple a execução provisória, vemos que a aplicação da sua norma pode acabar sendo prejudicial àquele que teve seu direito reconhecido, sendo necessária a busca no ordenamento jurídico de outro preceito que ofereça, no particular, uma resposta mais adequada dentro da perspectiva de efetividade e tempestividade da tutela jurisdicional.

Tendo em vista a exegese que se faz do art. 899 da CLT, e os escopos da jurisdição, e mesmo considerando que para o Direito Processual do Trabalho a melhor interpretação é *endointegrativa*, a aplicação do disposto no art. 475-O do CPC pode melhor atender, no momento, ao fim do processo. Em idêntico eixo, Gustavo Garcia aduz: "Com isso, por meio de interpretação sistemática e teleológica, fundada nos valores e princípios constitucionais, defende-se a aplicabilidade das disposições sobre o tema, prevista no CPC, que estejam em consonância com a efetividade da tutela jurisdicional." (GARCIA, 2012, p. 674)

Ainda que não haja lacuna normativa na CLT no que tange à execução provisória, argumento de parte da doutrina que nega a aplicação subsidiária, entendemos que a análise, no particular, insistimos, deve ser ampliada para dar mais potência à norma. Considerando as lacunas ontológicas — há a norma, mas ela não corresponde totalmente aos fatos *socioprocessuais* —, acarretando um *ancilosamento* da norma positiva — e ainda a perspectiva axiológica —, ausência de norma justa, isto é, existe um preceito normativo, mas, se for aplicado, sua solução será insatisfatória, emerge a conjectura mais ampla.

DIREITO MATERIAL E PROCESSUAL DO TRABALHO ■ 119

Neste contexto, também podemos nos amparar no resultado da onda de reformas por que passou o direito processual com o escopo de torná-lo mais célere e efetivo.

No mesmo sentido, o Enunciado n. 69 da 1ª Jornada de Direito Material e Processual do Trabalho, ocorrida em Brasília em 2007, que, apesar de não ser fonte do direito, é importante expressão do pensamento dos operadores contemporâneos do Direito do Trabalho, *in verbis*: EXECUÇÃO PROVISÓRIA. APLICABILIDADE DO ART. 475-O DO CPC NO PROCESSO DO TRABALHO. I – A expressão "... até a penhora..." constante da Consolidação das Leis do Trabalho, art. 899, é meramente referencial e não limita a execução provisória no âmbito do direito processual do trabalho, sendo plenamente aplicável o disposto no Código de Processo Civil, art. 475-O. II – Na execução provisória trabalhista é admissível a penhora de dinheiro, mesmo que indicados outros bens. Adequação do postulado da execução menos gravosa ao executado aos princípios da razoável duração do processo e da efetividade. III – É possível a liberação de valores em execução provisória, desde que verificada alguma das hipóteses do art. 475-O, § 2º, do Código de Processo Civil, sempre que o recurso interposto esteja em contrariedade com Súmula ou Orientação Jurisprudencial, bem como na pendência de agravo de instrumento no TST. (BRASIL, 2007)

É importante considerar que, até que haja uma atualização normativa ou jurisprudencial trabalhista, o disposto no inciso I do § 2º do art. 475-O do CPC atende aos anseios do modelo processual. Por ele dispensa-se a caução — para levantamento de depósito em dinheiro e prática de atos que importem em alienação da propriedade ou dos quais possa resultar grave dano ao executado — nas hipóteses de crédito de natureza alimentar ou decorrente de ato ilícito, até o valor de 60 salários mínimos, quando a parte estiver em estado de necessidade.

De acordo com o referido artigo, o levantamento de depósito em dinheiro e a prática de atos que importem alienação de propriedade ou dos quais possa resultar grave dano ao executado dependem de caução suficiente e idônea, pois, por meio desta garantia, protege-se o réu, nas hipóteses em que ele saia vencedor.

Sendo hipossuficiente o demandante, e permitida a execução provisória com atos de expropriação de bens do executado e, posteriormente, o resultado final do processo lhe seja desfavorável, este poderia não ter meios de restituir o que lhe fora entregue ou ressarcir os prejuízos eventualmente sofridos pelo réu.

A forma de contrabalancear os interesses das partes é exigindo a caução; assim, tanto autor quanto réu ficam resguardados, mesmo diante de levantamento de depósito em dinheiro ou expropriação de seus bens.

Entretanto a própria norma mitiga a obrigatoriedade de se exigir caução, conforme citado, quando o crédito for de natureza alimentar ou decorrente de ato ilícito, até o limite de sessenta vezes o valor do salário mínimo e a parte demonstrar situação de necessidade.

Como se sabe, o crédito trabalhista possui natureza alimentar, destinando-se o salário às necessidades essenciais do ser humano. Logo, estaria preenchido o primeiro requisito.

Mais ainda, observamos que, muitas vezes, a parcela buscada pela via judicial decorre de um ato ilícito praticado pelo empregador, que, ao exercer o seu direito, excede os limites impostos pelo fim econômico ou social da norma, pela boa-fé e pelos bons costumes, nos termos dos art. 186 e 187 do CC/02.

Ao lado do exercício do legítimo direito de propriedade, com o desenvolvimento empresarial com intuito de lucro, todas as vezes que o empregador deixa de cumprir com as normas trabalhistas, não pagando verbas próprias a tempo e modo, age ilegalmente.

Preenchidos um ou ambos os requisitos, vemos que o terceiro (crédito de até 60 vezes o salário mínimo) é identificado nos casos de execução provisória de pedido (ou parcela dele) incontroverso. Este, por não se tratar de toda a demanda, facilmente se limita ao valor, que hoje gira em torno de R$ 40.600,00.

O requisito da situação de necessidade, por ser um conceito aberto, vai depender do caso concreto, da prova produzida sobre as reais condições econômicas e financeiras da parte. O fato de o reclamante estar desempregado e não ter fonte de sustento pode ser um indicativo dessa situação.

Alguns doutrinadores afirmam que o fato de a parte ser beneficiária de assistência judiciária já a coloca em situação de necessidade. É, sem dúvida, um elemento importante, mas não único. O referido estado pode ser comprovado também por outros meios.

Imaginemos o direito em aplicação. Havendo um pedido incontroverso, pode a parte requerer a aplicação do § 6º do art. 273 do CPC. O juiz, ao analisar os documentos juntados com inicial em cotejo com aqueles trazidos na defesa, conclui que os fatos estão comprovados de plano, não havendo necessidade de instrução probatória em relação a este pedido (ou parcela dele), deferindo a tutela antecipada. Liquidado o valor, vê-se que se trata de uma parcela salarial de valor inferior a 60 salários mínimos e a parte se encontra em estado de necessidade. Sendo assim, há o enquadramento na exceção no inciso I do § 2º do art. 475-O do CPC, podendo o crédito ser liberado.

A liberação desse valor para o reclamante logo no início do processo representa um passo importante na busca da efetividade e tempestividade da tutela jurisdicional. A parte que puder contar, de plano, com uma quantia em dinheiro tem mais condições de aguardar o desenvolvimento do processo, sem sofrer tanto com a demora e com as pressões decorrentes da necessidade financeira. Seu *ex adverso*, por sua vez, que também de plano tiver de cumprir com sua obrigação, pagando parte do que deve, não contará tanto com a demora do processo como seu aliado.

Isso promove significativamente os princípios da efetividade, igualdade, duração razoável do processo, devido processo legal e, em última análise, do próprio princípio do acesso à justiça sob a perspectiva contemporânea.

Conclusão

Conforme se buscou demonstrar, a tutela da evidência representa uma forma de promover não apenas o princípio da duração razoável e, por consequência, o da efetividade, mas também os princípios da igualdade e do devido processo legal, sendo uma resposta do legislador às peculiaridades do processo, pois, com o passar do tempo, percebeu-se que não se justificava fazer a parte esperar para gozar de um direito que, de plano, já se mostrava devido. Ela, ainda, é instrumento de concretização do direito humano e fundamental de acesso à justiça sob a perspectiva contemporânea.

A urgência ou a evidência é no ordenamento jurídico pressuposto para a antecipação de tutela. No primeiro caso, a parte não pode esperar para usufruir o bem objeto do litígio, sob pena de dano irreparável ou de difícil reparação. No segundo, objeto do presente trabalho, não se justifica fazê-la esperar todo *iter* procedimental se já no início do processo, do cotejo da inicial e defesa, se conclui pela existência de pedido ou parcela dele, de modo incontroverso.

A tutela da evidência apresenta-se como importante técnica, capaz de acelerar a prestação jurisdicional quando estivermos diante de um pedido incontroverso e de uma defesa, em relação a este, não consistente ou meramente protelatória. E o tempo de tramitação do processo que hoje pesa somente para um dos litigantes passa a ser dividido e, possivelmente, encurtado.

O ônus da espera deixa de recair única e exclusivamente sobre o autor, que agora poderá gozar de maneira antecipada dos efeitos da tutela pretendida, quando, de plano, comprovar o seu direito, e o réu, em contrapartida, não conseguir fazer dele controvertido, valendo-se de uma defesa sem fundamento, que visa apenas a prolongar a demanda.

Não há justificativa em fazer o demandante esperar todo *iter* procedimental se é desnecessária a produção de outras provas em relação ao pedido incontroverso, pois o direito que lhe dá suporte, de plano, *prima facie*, já foi comprovado.

Na seara *juslaboral,* vemos que o trabalhador, que em especial necessita sobremaneira do crédito pleiteado, terá mais condições de suportar o tempo do processo se, já no início da demanda, tiver acesso à parte do que pleiteia, ou seja, ao que é incontroverso. E, de outro lado, quanto mais expedita e efetiva for a prestação jurisdicional, menos vantajoso do ponto de vista econômico deixar o empregador de cumprir a norma no momento oportuno.

A tutela da evidência prevista no § 6º do art. 273 do CPC é um dos melhores instrumentos presentes no ordenamento jurídico pátrio para a concretização de uma prestação jurisdicional tempestiva e em tempo adequado. Pode até não ser a solução para todas as mazelas, mas apresenta-se como um importante meio de transformação da realidade dentro e fora do processo, dependendo, para realizar todo o seu potencial, do uso pelos operadores do direito. Por isso deve sempre ser requerida e, em todas as vezes que presentes os seus requisitos, ser deferida, como fator de promoção social.

A sua adoção no campo do Direito Processual do Trabalho representa profunda alteração na relação entre capital e trabalho e na forma como o direito material do trabalho é entendido, pois esse só vai cumprir com seu objetivo de melhoria das condições de vida e da pactuação da força de trabalho e da inserção socioeconômica dos trabalhadores quando for realmente efetivo.

Referências bibliográficas

ANDRADE, Érico. *Mandado de segurança:* a busca da verdadeira especialidade (proposta de releitura à luz da efetividade do processo). Rio de Janeiro: Lumen Juris, 2010.

BEDAQUE, José Roberto dos Santos. *Tutela cautelar e tutela antecipada:* tutelas sumárias e de urgência (tentativa de sistematização). 3. ed. rev. e ampl. São Paulo: Malheiros, 2003.

BUENO, Cássio Scarpinella. *Tutela Antecipada.* São Paulo: Saraiva, 2004.

CAPPELLETTI, Mauro; GARTH, Bryant. *Acesso à justiça.* Porto Alegre: Sergio Antonio Fabris, 1988.

CHAVES, Luciano Athayde. *A recente reforma no processo comum e seus reflexos no Direito Judiciário do Trabalho.* 3. ed. rev. e ampl. São Paulo: LTr, 2007

COMPARATO, Fábio Konder. *Afirmação histórica dos direitos humanos.* 2. ed. rev. e ampl. São Paulo: Saraiva, 2001.

CORDEIRO, Wolney de Macedo. Da releitura do método de aplicação subsidiária das normas de direito processual comum ao processo do trabalho. In: CHAVES, Luciano Athayde (Org.). *Direito Processual do Trabalho:* reforma e efetividade. São Paulo: LTr, 2007.

DINAMARCO, Cândido Rangel. *Reforma da Reforma.* 6. ed. rev. e atual. São Paulo: Malheiros, 2003.

FUX, Luiz. *Tutela de segurança e tutela da evidência* (fundamentos da tutela antecipada). São Paulo: Saraiva, 1996.

GARCIA, Gustavo Filipe Barbosa. *Curso de Direito Processual do Trabalho.* 6. ed. Rio de Janeiro: Forense, 2012.

GONÇALVES, Gláucio Ferreira Maciel. Direito e Tempo. *In:* JAIME, Fernando Gonzaga; FARIA, Juliana Cordeiro de; LAUAR, Maira Terra. (Orgs.). *Processo civil:* novas tendências — Homenagem ao ministro Sálvio de Figueiredo Teixeira. Belo Horizonte: Del Rey, 2011.

LEDUR, José Felipe. *A realização do direito ao trabalho.*Porto Alegre: Sergio Antonio Fabris, 1998.

LEITE, Carlos Henrique Bezerra. *Curso de direito processual do trabalho.* 6. ed. São Paulo: LTr, 2008.

LOPES, João Batista. *Tutela antecipada no processo civil brasileiro*. 3. ed. rev., atual. e ampl. São Paulo: Saraiva, 2007.

MACIEL JÚNIOR, Vicente de Paula. Os princípios do direito e do processo do trabalho e suas influências no direito processual civil reformado. In: CHAVES, Luciano Athayde (Org.). *Direito processual do trabalho*: reforma e efetividade. São Paulo: LTr, 2007. p. 114-124.

MARINONI, Luiz Guilherme Bittencourt. *Antecipação da tutela*. 11. ed. rev., atual. e ampl. São Paulo: Revista dos Tribunais, 2009.

_____. *Tutela antecipatória e julgamento antecipado*: parte incontroversa da demanda. 5. ed. rev., atual. e ampl. São Paulo: Revista dos Tribunais, 2002.

MORAES, Alexandre de. *Direitos humanos fundamentais*. 2. ed. São Paulo: Atlas, 1998.

MOURA, Marcelo. A estabilização (efetivação) da tutela antecipada diante do pedido incontroverso no Processo do Trabalho – O projeto do IBDP e os avanços da Lei n. 11.232, de 22.12. 1996. *Revista LTr*. v. 70, n. 4, abr. 2006. p. 437-445.

PIMENTA, José Roberto Freire. Tutelas de Urgência no Processo do Trabalho: o potencial transformador das relações trabalhistas das reformas do CPC brasileiro. *In*: _____ *et al.* (Coords.). *Direito do Trabalho*: evolução, crise, perspectivas. São Paulo: LTr, 2004.

SARLET, Ingo Wolfgang. *Dignidade da pessoa humana e direitos fundamentais na Constituição Federal de 1988*. 7. ed., rev. e atual. Porto Alegre: Livraria do Advogado, 2009.

SCHIAVI, Mauro. *Aspectos polêmicos e atuais das tutelas de urgência no Processo do Trabalho à luz das recentes alterações do Código de Processo Civil*. 2012. Disponível em: <http://www.lacier.com.br/artigos/periodicos/Aspectos%20polemicos%20e%20atuais%20das%20tutelas%20de%20Urgencia%20no%20Processo%20do%20Trabalho%20a%20luz%20das%20recentes%20alteracoes%20do%20CPC.pdf>. Acesso em: 18 jan. 2012.

_____. *Manual de Direito Processual do Trabalho*. 2. ed. São Paulo: LTr, 2009.

SILVA, Antonio Álvares da. *Execução provisória trabalhista depois da reforma do CPC*. São Paulo: LTr, 2007.

SILVA, José Afonso da. *Curso de Direito Constitucional Positivo*.16. ed. rev. e atual. São Paulo: Malheiros, 1999.

SILVA, Paulo Henrique Tavares da. Minha nova execução trabalhista. *In*: CHAVES, Luciano Athayde (Org.). *Direito Processual do Trabalho*: reforma e efetividade. São Paulo: LTr, 2007.

THEODORO JÚNIOR, Humberto. *Curso de Direito Processual Civil*. vol. 1: Teoria geral do direito processual civil e processo de conhecimento. 44. ed. Rio de Janeiro: Forense, 2006.

_____. *Direito Fundamental à duração razoável do processo*. 2008. Disponível em: <http://www.anima-pet.com.br/segunda_edicao/Humberto_Theodoro_Junior.pdf>. Acesso em: 15 jun. 2012.

ZAVASCKI, Teori Albino. *Antecipação da tutela*. 7. ed. São Paulo: Saraiva, 2009.

7. Destinação dos recursos arrecadados a título de dano moral coletivo pelo Poder Judiciário

Bruno Gomes Borges da Fonseca e Carlos Henrique Bezerra Leite

Sumário: Introdução. 1. Contornos gerais do dano moral coletivo no direito brasileiro. 2. Considerações sobre o acesso à justiça no paradigma do estado democrático de direito. 3. Destinação dos recursos arrecadados a título de dano moral coletivo pelo Poder Judiciário. Conclusão. Referências bibliográficas.

Introdução

O reconhecimento dos direitos humanos e fundamentais de terceira dimensão exige (re)interpretação de textos normativos, anteriormente analisados em um viés eminentemente individualista. O dano moral, assegurado constitucionalmente, inseriu-se nessa (re)avaliação.

O dano moral, tradicionalmente, agregou o adjetivo *individual*. Contudo, na concepção metaindividual de interesses, possibilitante da existência de lesados indeterminados ou indetermináveis, amoldou-se e consignou, também, o complemento *coletivo*.

O dano moral coletivo, portanto, tem perspectiva distinta, de afronta a direitos humanos e fundamentais de terceira dimensão. A *coletividade*, nessa óptica, está sujeita àquela lesão em virtude de ofensa a interesses metaindividuais juridicamente relevantes.

A destinação dos valores arrecadados a título de dano moral coletivo pelo Poder Judiciário, seja na hipótese de decisões homologatórias de transações, seja por imposição de sentenças e de acórdãos, tem encontrado diversos e inusitados caminhos.

O recurso arrecadado a título de dano moral coletivo, em certos contextos, é destinado a fundos por supostamente materializar o *cumprimento da lei*. Em outros, é volvido, sem intermediários, à coletividade lesada, sob a justificativa de maior efetividade. Às vezes, o direcionamento é desvinculado das lesões originantes da pretensão reparatória por satisfazer à vontade do julgador ou das partes envolvidas no processo.

DIREITO MATERIAL E PROCESSUAL DO TRABALHO ■ **125**

Essa diversidade de destinações dos recursos arrecadados a título de dano moral coletivo, além de gerar relativa incerteza quanto ao seu real fim, parece denunciar (esse ponto é o mais grave) a ausência de critérios justificantes, nos planos hermenêutico e de aplicação da norma, do posicionamento adotado pela decisão judicial.

Nesse quadro polemizado, indaga-se: na perspectiva do paradigma do estado democrático de direito e da ordem jurídica brasileira, quais os supostos justificantes para o Poder Judiciário destinar os recursos arrecadados a título de reparação por dano moral coletivo? Esse problema será enfrentado nesta pesquisa.

A hipótese almejada abster-se-á de indicar a(s) *resposta(s) certa(s)*, isto é, o destino adequado do valor angariado a título de dano moral coletivo. Por essa razão, a escolha da palavra *suposto*. A proposta é discutir (algumas) possibilidades a serem observadas pelo Poder Judiciário no momento de justificar a decisão.

Uma alternativa é circundar a decisão destinante do valor reparatório de alguns supostos do paradigma do estado democrático de direito. Transformá-la em mais um momento explicitador da democracia. Essa será a hipótese laborada nesta pesquisa.

Este trabalho objetivará: (i) apresentar contornos gerais do dano moral coletivo à luz da ordem jurídica nacional; (ii)teorizar alguns pontos do acesso à justiça no paradigma do estado democrático de direito; (iii) analisar supostos justificantes da decisão judicial de destinar os recursos arrecadados a título de dano moral coletivo.

O marco teórico do estudo é o paradigma do estado democrático de direito, reconhecido expressamente pela Constituição da República Federativa do Brasil (CF/1988) (art. 1º) e por autores como Jürgen Habermas, fincado na epistemologia da filosofia da linguagem e na teoria discursiva do direito. Essas lentes iluminarão todos os encaminhamentos.

O primeiro capítulo apresentará o dano moral coletivo e seu horizonte hermenêutico. O segundo teorizará alguns pontos do acesso à justiça no paradigma do estado democrático de direito. O terceiro, por fim, responderá ao problema desta pesquisa e analisará os supostos a serem observados pelo Poder Judiciário na destinação dos recursos arrecadados a título de dano moral coletivo.

1. Contornos gerais do dano moral coletivo no direito brasileiro

A definição de dano é única. Invariavelmente, corresponderá a uma lesão a bens juridicamente protegidos que poderá gerar diversidade de efeitos, isolados ou cumulativos. Conseguintemente, é possível a ocorrência de corolários (*danos*) patrimonial e extrapatrimonial.

O dano patrimonial (ou material) é subdividido em emergente e lucro cessante (inclusive a perda de uma chance). O dano extrapatrimonial, por seu turno, é repartido, entre outras, nas seguintes categorias: moral, estético, social, à imagem e existencial.

A ordem jurídica e a vida associativa reconhecem o princípio da proibição de injusta lesão. A inobservância desse padrão, normalmente, oportuniza dever de indenizar. A CF/1988, nesse ponto, reconheceu como direito fundamental o ressarcimento por dano patrimonial e a reparação por dano extrapatrimonial (art. 5º, V e X).

A Constituição avançou e consignou aquela obrigação indenizatória em capítulo intitulado como *Direitos e Deveres Individuais e Coletivos*. Ao assim proceder, adicionou às classificações do dano (patrimonial e extrapatrimonial) as lesões individuais e metaindividuais.

Os efeitos do dano, na perspectiva da atual Constituição, além da patrimonialidade e da *extrapatrimonialidade*, abarcam, pois, as esferas individuais e coletivas. Logo, a leitura hermenêutica da CF/1988 autoriza concluir pela existência de danos patrimoniais e extrapatrimoniais, singulares e metaindividuais.

O dano moral coletivo tem, portanto, fundamento constitucional. Essa espécie de lesão encontrou horizonte hermenêutico favorável com a coletivização do direito (material e processual). O reconhecimento dos interesses metaindividuais (difusos, coletivos e individuais homogêneos) rompe com a imprescindibilidade de determinação do sujeito detentor do direito, afasta a concepção individualista de direito subjetivo e materializa a terceira dimensão de direitos humanos e fundamentais.

O Brasil apresenta significativo microssistema de tutela metaindividual, fundido por pontos da *class action* americana, do sistema europeu e da criatividade normativa nacional, o que gerou sistema peculiar e de vanguarda. A interpretação conjunta da CF/1988, da Lei n. 7.347, de 24 de julho de 1985 (LACP), e da Lei n. 8.078, de 11 de setembro de 1990 (CDC), entre outros diplomas normativos sobre proteção coletiva, fortaleceu a teorização acerca do dano moral coletivo.

Outro contributo à teorização do dano moral coletivo foi o reconhecimento da dimensão objetiva dos direitos humanos e fundamentais. Esses podem ser considerados em dupla perspectiva: (i) direitos subjetivos individuais e (ii) elementos objetivos fundamentais da comunidade. Esse último sentido é favorecedor da possibilidade de lesão à personalidade da coletividade.

A possibilidade de a pessoa jurídica sofrer dano moral, igualmente, propiciou a teorização acerca do dano moral coletivo, por admitir que a coletividade, formante de um ente coletivo, fosse passível de sofrer lesões à sua personalidade. Esse mote está presente naquela lesão metaindividual, que se desgarra da exigência de determinação do sujeito lesado. Assim, a lesão à personalidade deixa de ser monopolizada em relação à pessoa (individual).

O dano moral coletivo, de certo modo, aproxima-se da teorização do direito como integridade. A vida em sociedade impõe obrigações associativas ou comunitárias e o direito acaba por sufragar esses valores ao insistir que as proposições jurídicas são opiniões interpretativas, que combinam elementos volvidos tanto ao passado quanto ao futuro como uma política em processo de desenvolvimento, pois o modo de viver gregário exige fidelidade.

O dano moral coletivo, tradicionalmente, é definido como:

> [...] a injusta lesão da esfera moral de uma dada comunidade, ou seja, é a violação antijurídica de um determinado círculo de valores coletivos. Quando se fala em dano moral coletivo, está-se fazendo menção ao fato de que o patrimônio valorativo de uma certa comunidade (maior ou menor), idealmente considerada, foi agredido de uma maneira absolutamente injustificável do ponto de vista jurídico: quer isso dizer, em última instância, que se feriu a própria cultura, em seu aspecto imaterial.

Da definição de dano moral coletivo é possível extrair os seguintes elementos: (i) lesão à personalidade (ou à esfera moral) da coletividade; (ii) lesão metaindividual (difusa, coletiva e/ou individual homogênea); (iii) conduta (ativa e/ou omissiva) injustificável, intolerável e de repercussão social aos valores normativos compartilhados pela vida associativa.

Os exemplos mais cristalinos, abstratamente, estão nas lesões ao meio ambiente, à boa-fé em virtude de propaganda enganosa, à história e à tradição com a destruição do patrimônio histórico e cultural e ao valor social do trabalho com a prática de labor análogo ao de escravo.

A condenação em dano moral coletivo ainda encontra resistência. Obstáculo árduo foi admitir, em tese, esse tipo de lesão. A doutrina, geralmente, aposta na sua admissibilidade. A jurisprudência, especialmente no início da teorização, adotou caminho diverso e concluiu pela impossibilidade diante da vinculação da lesão à personalidade da pessoa, à noção de dor e de sofrimento psíquico, pontos inconciliáveis com a ideia de *metaindividualidade* inerente ao dano coletivo.

O Superior Tribunal de Justiça (STJ) atualmente admite, em tese, o dano moral coletivo. O Tribunal Superior do Trabalho (TST) também seguiu similar caminho e reconhece a possibilidade de existência daquela lesão. A posição do TST, inclusive, admite a caracterização daquele tipo danoso em decorrência de lesão a direitos individuais homogêneos, e não apenas na hipótese de violação aos interesses difusos e coletivos.

O STJ adiante considerou prescindível a prova da dor na caracterização do dano moral coletivo, por ser a coletividade passível de sofrer lesão à personalidade vinculada ao sentimento coletivo de participar de determinado grupo ou comunidade. Esse direcionamento também encontrou eco na doutrina.

Superados esses obstáculos, as decisões e os estudos teóricos geralmente partem da premissa de que a coletividade (indeterminada ou determinável) é passível de sofrer dano moral coletivo. A partir desse ponto, naturalmente, outros óbices surgem.

Um novo (e complexo) obstáculo refere-se à destinação dos recursos arrecadados a título de dano moral coletivo. Reconhecida sua existência e fixado seu valor, para onde será direcionado? Esse é o ponto precípuo desta pesquisa. Antes, porém, de enfrentarmos essa questão, é imprescindível analisar o acesso à justiça no paradigma do estado democrático de direito, ainda que numa visão limitada de demandar no Poder Judiciário. Esse é o tema do próximo capítulo.

2. Considerações sobre o acesso à justiça no paradigma do estado democrático de direito

A CF/1988 propicia novo horizonte hermenêutico por fincar-se em novo paradigma (estado democrático de direito). A palavra *paradigma* indica valores, crenças e técnicas partilhados por membros de uma comunidade, bem como soluções empregadas como modelos para substituir regras e equacionar outros problemas apresentados pela ciência. Materializa espécie de pano de fundo interpretativo. Por outro lado, possibilita explicar o desenvolvimento científico como um processo que se verifica mediante rupturas e simplifica visões de mundo prevalentes em certo contexto.

O paradigma do estado democrático de direito absorve valores dos paradigmas anteriores (liberal e social), entretanto sua possibilidade é potencialmente ampliada por ambicionar simbiose entre direito e poder e acolher anseio inadiável de democratização radical.

A autolegislação parece ser um elemento característico desse novo paradigma. A vida associativa, em um regime democrático, exige que as pessoas sejam enxergadas e ajam como coautoras e destinatárias das normas de comunidade jurídica organizadora de si.

Essa ideia de autolegislação pode ser transportada para resolução de conflitos em demandas judiciais e permite revisitação da noção de acesso à justiça como direito e garantia fundamental (CF/1988, art. 5º, XXXV), bem como do papel e das possibilidades de participação das partes e demais pessoas na formação da decisão proferida pelos agentes do Poder Judiciário.

Ao direito, no paradigma do estado democrático, cabe oportunizar e fomentar o surgimento de palcos públicos de debate com desiderato de permitir aos interessados a via argumentativa de seus pontos de vista dentro da epistemologia da filosofia da linguagem. É maneira de relativizar subjetivismos (e, também, pô-los à prova), autorreferências, discricionariedades, *decisionismos* e solipsismos típicos do positivismo jurídico e da filosofia da consciência.

O processo, numa nova concepção, filtrado por uma espécie de *garantismo constitucional*, abarca um bloco de condicionamentos do exercício da jurisdição na solução dos conflitos e da tutela jurisdicional e abstém-se de ser um mero ritualístico, sentencial e solitário ato do julgador.

Ao Poder Judiciário, nesse paradigma, cabe potencializar os mecanismos de participação processual. Alargar as concepções de contraditório e de ampla defesa dentro de cenário discursivo, pautado pela liberdade e igualdade. Transformar as relações processuais em liames radicalmente democráticos. Instrumentos como as audiências públicas e intervenções de terceiro na forma de *amicus curiae* afinam-se com essa proposta, desde que, efetivamente, se proponham a funcionar como vetores de democracia dentro do processo judicial.

A interpretação constitucional cingiu-se à sociedade fechada e limitada a órgãos estatais. Em questões metaindividuais, como a destinação do valor arrecadado a título de dano moral coletivo, é imprescindível franquear o ato interpretativo além do juiz e das partes. A decisão deverá ser construída pluralisticamente em respeito à sociedade aberta. Essa proposta traz ínsito ideal democrático e participativo.

O juiz deve abster-se do discurso de autoridade, do autoritarismo, da presunção de que sua opinião está formada (e é a melhor), do idealismo de guardião da eticidade predominante e de que a participação e os argumentos dos outros, aprioristicamente, são infundados. No processo coletivo, esses alertas deverão ser realçados, pois a intersubjetividade pautada em uma razão comunicativa parece ser capaz de contextualizar os casos a serem julgados e amenizar déficits de legitimidade.

A proteção coletiva deve evitar apenas aliviar o indivíduo pela representação; é imprescindível, progressivamente, engajá-lo na articulação de seus interesses em prol de sua autonomia. A decisão judicial, por efeito, poderá incentivar e contribuir para esse propósito.

Essa concepção de acesso à justiça decorrente do paradigma do estado democrático de direito é capaz de oportunizar reanálise de práticas processuais. Tornar a tramitação processual em caminho afinado com a democracia. Enxergar que o juiz é autor da decisão, porém, esta é efeito da argumentação das partes e das demais pessoas atingidas. Essa base democrática parece ser capaz de orientar a destinação dos recursos arrecadados a título de dano moral coletivo. Esses pontos embasarão nossos encaminhamentos e serão verticalizados no próximo capítulo.

3. Destinação dos recursos arrecadados a título de dano moral coletivo pelo Poder Judiciário

O ponto de partida (hermenêutico) deste capítulo é o texto do art. 13 da Lei n. 7.347/1985:

Art. 13. Havendo condenação em dinheiro, a indenização pelo dano causado reverterá a um fundo gerido por um Conselho Federal ou por Conselhos Estaduais de que participarão necessariamente o Ministério Público e representantes da comunidade, sendo seus recursos destinados à reconstituição dos bens lesados.

§ 1º Enquanto o fundo não for regulamentado, o dinheiro ficará depositado em estabelecimento oficial de crédito, em conta com correção monetária.

§ 2º Havendo acordo ou condenação com fundamento em dano causado por ato de discriminação étnica nos termos do disposto no art. 1º desta Lei, a prestação em dinheiro reverterá diretamente ao fundo de que trata o *caput* e será utilizada para ações de promoção da igualdade étnica, conforme definição do Conselho Nacional de Promoção da Igualdade Racial, na hipótese de extensão nacional, ou dos Conselhos de Promoção de Igualdade Racial estaduais ou locais, nas hipóteses de danos com extensão regional ou local, respectivamente.

Esse início hermenêutico evidencia que a decisão judicial de destinar o valor arrecadado a título de dano moral coletivo materializa hipótese de aplicabilidade normativa, distinta, pois, do juízo de criação do texto normativo. As características do caso concreto, para tanto, deverão ser descortinadas, descritas e analisadas à exaustão, porquanto ao juízo (aplicador) exige-se fundamentação e suas operações são complexas.

A ordem jurídica, naturalmente, não preverá todas as situações possíveis de aplicabilidade. A linguagem é constitutiva do saber e o texto normativo encontrará limites. Contextos e situações novos surgirão. Logo, circunstâncias desconsideradas no juízo de criação do enunciado normativo serão observadas por ocasião da sua aplicação — sob pena de se propor rigorismo abstrato e cego — e poderão agir como hipóteses excetivas.

A interpretação inicial do texto do art. 13 da Lei n. 7.347/1985 é no sentido de que o recurso arrecadado a título de dano moral coletivo deve ser destinado a fundo gerido por conselho federal ou por conselhos estaduais de que participarão o Ministério Público e os representantes da comunidade. Essa compreensão inicial fora confirmada pela recente redação do § 2º, que reafirmou a destinação ao fundo.

O texto adota a premissa de que, à falta de um titular determinado do direito de receber o valor reparatório, o fundo, com participação do Ministério Público e de representantes da comunidade (representantes da sociedade), atenderia ao regime democrático de deliberação acerca da destinação dos recursos arrecadados.

A substancialidade do texto do art. 13 da Lei n. 7.347/1985 parece afinada com o paradigma do estado democrático de direito. O fundo, com participação colegiada, deliberaria acerca da destinação do valor do dano moral coletivo. Essa ideia coaduna-se com o regime democrático previsto na CF/1988.

O texto do art. 13 da Lei n. 7.347/1985 contempla outro dado relevante para compreensão hermenêutica: a deliberação do fundo deverá, necessariamente, destinar os recursos à reconstituição dos bens lesados. Imprescindível, pois, pertinência temática entre a destinação do valor arrecadado a título de dano moral e a lesão apontada como causa de pedir na petição inicial da ação coletiva.

Uma das possibilidades interpretantes (norma) decorrentes do texto do art. 13 da Lei n. 7.347/1985 seria a seguinte: (i) a destinação do recurso arrecadado a título de dano moral coletivo depende de deliberação dos representantes da comunidade e do Ministério Público e por isso justificar-se-ia a remessa ao fundo; (ii) o resultado deliberativo é limitado ao objetivo de recomposição dos bens lesados.

Essa interpretação do texto do art. 13 da Lei n. 7.347/1985 funciona, de certa maneira, para aliviar o esforço argumentativo da decisão destinante do valor angariado pela designação de dano moral coletivo. A princípio, esse *quantum* deverá ser destinado a fundo, com as especificações previstas normativamente, que o empregará (ou deveria) na recomposição dos bens lesados.

A análise do enunciado do art. 13 da Lei n. 7.347/1985, entretanto, tem sido insuficiente em aclarar os problemas relacionados ao tema. Diversas formas de destinação tornaram-se prática comum. A destinação *tradicional* ao fundo, aparentemente democrática e idealizada numa ideia de *justiça macro*, encontra resistência pela sua inefetividade em reconstruir os bens diretamente lesados. A legalidade e a legitimidade das destinações *alternativas*, por outro lado, são postas em xeque, por serem definidas por decisões solipsistas e sem sentido normativo.

Essa diversidade de destinações dos recursos arrecadados a título de dano moral encontra panorama fértil pela inexistência (ou ausência de investigação) de critérios. Esta pesquisa pretende trabalhar com (alguns) supostos justificantes para decidir, sem cunho absoluto e sem dispensar a análise das circunstâncias do caso concreto, por uma ou outra maneira destinante do valor reparatório.

Para alguns é possível sustentar como exclusiva resposta correta a destinação a fundos. Essa interpretação, aparentemente, é congruente com a gramaticidade do enunciado do art. 13 da Lei n. 7.347/1985. Por outro ponto de vista, é admissível, também, defender como única conclusão a *destinação alternativa*, pois circunstâncias do caso concreto poderão justificá-la e atuar como hipótese excetiva, que, afinal, tornar-se-á a regra.

Nossa proposta, contudo, trilha caminho distinto. Observados os supostos extraídos do texto do art. 13 da Lei n. 7.347/1985, filtrados pelo paradigma do estado democrático de direito, parece possível que haja tanto as *destinações tradicionais* como as *alternativas*, isoladas ou concomitantes. As duas possibilidades são includentes. As circunstâncias do caso concreto funcionariam como vetores justificantes.

Ao juiz ou ao tribunal, no momento de decidir pela destinação dos recursos arrecadados a título de dano moral coletivo, caberá analisar as circunstâncias do caso concreto para encontrar a interpretação (norma) do enunciado do art. 13 da Lei n. 7.347/1985. Poderá vislumbrar que, a princípio, a *destinação alternativa* é a norma mais adequada. Nessa situação, para confirmar (ou não) a adoção desse caminho, parece necessário observar, minimamente, dois supostos:

(i) a escolha por uma ou por outra destinação dos recursos arrecadados a título de dano moral coletivo deverá ser deliberativa e, dentro do possível, materializada após colheita de pontos de vista de representantes das comunidades atingidas, inclusive o Ministério Público. Para alcançar esse intento, ao juiz ou ao tribunal caberá alargar o contraditório, torná-lo substancialmente democrático, seja por realização de audiências públicas, seja por intervenções de terceiros, como o *amicus curiae*, entre outros mecanismos de expansão da participação processual.

Essa prática tende de certo ponto a conciliar legalidade e legitimidade da decisão destinante. Os atingidos terão a oportunidade de apresentar seus pontos de vista e opinar sobre a destinação mais adequada à recomposição dos bens lesados. Os argumentantes (falantes e ouvintes) pela linguagem poderão expor suas autorreferências e sujeitá-las a uma autorrelação.

Esse processo dialógico possivelmente descortinará as circunstâncias do caso concreto e poderá motivar a manutenção da *destinação tradicional* ou uma hipótese excetiva justificante da *destinação alternativa*. Neste caso, a prática comunicacional do juiz ou do tribunal, do Ministério Público, das partes e dos interessados poderá avançar e debater acerca do efetivo recebedor do valor arrecadado a título de dano moral coletivo.

A deliberação, com diversos pontos de vistas, trará ao processo as circunstâncias do caso concreto com maior detalhamento e permitirá ao juiz ou ao tribunal insistir na *destinação tradicional* ou motivar decisão de *destinar alternativamente* pautada na excepcionalidade do caso concreto.

Esse agir, por outro lado, poderá tornar mais lenta a tramitação processual. Porém a exigência de celeridade (CF/1988, art. 5º, LXXVIII) deve ajustar-se ao ideal democrático. O juiz ou o tribunal pode, na decisão, contemplar diretrizes a serem observadas na concretização da destinação do recurso arrecadado a título de dano moral coletivo. O efetivo direcionamento da verba ocorrerá, geralmente, na liquidação do decidido, na forma do art. 95 do CDC, contudo, com bases definidas na fase de conhecimento do processo; (ii) pertinência temática entre a decisão destinante e os fatos articulados no processo. É imprescindível correlação entre a lesão exposta na causa de pedir da petição inicial da ação coletiva e o resultado deliberativo de direcionamento do valor arrecadado a título de dano moral coletivo.

A deliberação por uma (*tradicional*) ou outra destinação (*alternativa*), portanto, encontrará este linde: estará, a princípio, impedida de direcionar o recurso arrecadado a título de dano moral coletivo para fundos, projetos, instituições ou pessoas incapazes de contribuírem para a recomposição dos bens lesados apontados na causa de pedir da petição inicial da ação coletiva. O juiz ou o tribunal, ao radicalizar a democracia na tramitação processual, deverá alertar aos pretensos deliberantes acerca dessa limitação de resultado. A destinação é teleológica, tem um fim, e esse objetivo deverá ser preservado e perseguido.

Ademais, a deliberação poderá demonstrar que o caso concreto materializa hipótese excetiva justificante de decisão que destine o valor angariado a título de dano moral coletivo *alternativamente*. Do contrário, isto é, ausente a situação excepcional, haverá *destinação tradicional*.

O juiz ou o tribunal, ao observar esses supostos, parece poder se utilizar de *destinações alternativas*, pois, assim, preservará um dos possíveis caminhos hermenêuticos do enunciado do art. 13 da Lei n. 7.347/1985 e, também, do paradigma do estado democrático de direito, bem como considerará a base argumentativa da decisão e as circunstâncias do caso concreto.

Conclusão

A coletivização das relações e o reconhecimento da coletividade como ente sujeito a sofrer dano à sua personalidade exigem reanálise da maneira condenatória e da destinação dos recursos angariados a título de dano moral coletivo. A hermenêutica e o paradigma do estado democrático de direito parecem ser capazes de orientar a compreensão do texto do art. 13 da Lei n. 7.347/1985.

Aquele enunciado normativo, em uma primeira análise, prescreve que os valores decorrentes de condenações pecuniárias em ações coletivas sejam destinados a fundos, volvidos à recomposição dos bens lesados, que deverão ser integrados por representantes da comunidade e do Ministério Público.

A substancialidade do dispositivo, filtrada pelo paradigma do estado democrático de direito, gira em torno de dois supostos cumulativos: (i) deliberação; (ii) recomposição dos bens lesados. O fundo, abstratamente, cumpre esses dois vetores. Logo, como regra, deverá receber a destinação dos valores arrecadados a título de dano moral coletivo. A decisão destinante materializa hipótese de juízo de aplicação normativa, portanto.

O juiz ou o tribunal, porém, ao analisar as circunstâncias do caso concreto, poderá decidir por direcionar *alternativamente* o recurso arrecadado a título de dano moral coletivo. Essa situação é oportunizada pela presença de hipótese(s) excetiva(s). Nesse caso, deverá permitir a participação deliberativa das partes e de terceiros atingidos (inclusive o Ministério Público), bem como vincular o resultado à recomposição dos bens lesados, ou seja, observar aqueles dois supostos extraídos da compreensão hermenêutica do texto do art. 13 da Lei n. 7.347/1985 e do paradigma do estado democrático de direito.

Os agentes do Poder Judiciário deverão, por ocasião da destinação do recurso arrecadado a título de dano moral coletivo, radicalizar a democracia no processo, analisar as circunstâncias do caso, motivar a decisão adotada e se lembrar da perspectiva de aplicadores da norma. Parece que somente dessa maneira cumprirão com as exigências do novo paradigma e com o horizonte hermenêutico do enunciado normativo do art. 13 da Lei n. 7.347/1985.

Referências bibliográficas

ALEXY, Robert. *Teoria dos direitos fundamentais.* Tradução Virgílio Afonso da Silva. São Paulo: Malheiros, 2008.

BITTAR FILHO, Carlos Alberto. Dano moral coletivo no atual contexto jurídico brasileiro. *Revista de Direito do Consumidor.* São Paulo, Revista dos Tribunais, n. 12, p. 44-62, out./ dez. 1994.

BRASIL. *STJ.* Recurso especial 821891/RS. Relator: Ministro Luiz Fux. Julgamento: 7.4.2008. Primeira Turma. Fonte: DJ 12.5.2008, p. 1. Disponível em: <http://www.stj.jus.br/SCON/ jurisprudencia/toc.jsp?tipo_visualizacao=nullHYPERLINK "http://www.stj.jus.br/SCON/ jurisprudencia/toc.jsp?tipo_visualizacao=null&processo=821891&b=ACOR"&HYPERLINK "http://www.stj.jus.br/SCON/jurisprudencia/toc.jsp?tipo_visualizacao=null&processo=821 891&b=ACOR"processo=821891HYPERLINK "http://www.stj.jus.br/SCON/jurisprudencia/ toc.jsp?tipo_visualizacao=null&processo=821891&b=ACOR"&HYPERLINK "http://www. stj.jus.br/SCON/jurisprudencia/toc.jsp?tipo_visualizacao=null&processo=821891&b=ACO R"b=ACOR>. Acesso em: 31 ago. 2012.

BRASIL. *STJ.* Recurso especial 598281/MG. Ministro Luiz Fux. Relator para acórdão: Ministro Teori Albino Zavaschki. Primeira Turma. Julgamento: 2.5.2006. Fonte: DJ 1º.6.2006, p. 147. Disponível em: <http://www.stj.jus.br/SCON/jurisprudencia/toc.jsp? tipo_visualizacao=nullHYPERLINK "http://www.stj.jus.br/SCON/jurisprudencia/toc. jsp?tipo_visualizacao=null&processo=598281&b=ACOR"&HYPERLINK "http://www.stj. jus.br/SCON/jurisprudencia/toc.jsp?tipo_visualizacao=null&processo=598281&b=ACOR" processo=598281HYPERLINK "http://www.stj.jus.br/SCON/jurisprudencia/toc.jsp?tipo_vis ualizacao=null&processo=598281&b=ACOR"&HYPERLINK "http://www.stj.jus.br/SCON/ jurisprudencia/toc.jsp?tipo_visualizacao=null&processo=598281&b=ACOR"b=ACOR>. Acesso em: 31 ago. 2012.

BRASIL. *STJ.* Recurso especial 1221756/RJ. Relator: Ministro Massami Uyeda. Julgamento: 2.2.2012. Terceira Turma. Fonte: DJe 10.2.2012. 2012. Disponível em: <http://www.stj.jus. br/SCON/jurisprudencia/toc.jsp?tipo_visualizacao=nullHYPERLINK "http://www.stj.jus.br/ SCON/jurisprudencia/toc.jsp?tipo_visualizacao=null&processo=1221756&b=ACOR"& HYPERLINK "http://www.stj.jus.br/SCON/jurisprudencia/toc.jsp?tipo_visualizacao=nul l&processo=1221756&b=ACOR"processo=1221756HYPERLINK "http://www.stj.jus.br/ SCON/jurisprudencia/toc.jsp?tipo_visualizacao=null&processo=1221756&b=ACOR"&H YPERLINK "http://www.stj.jus.br/SCON/jurisprudencia/toc.jsp?tipo_visualizacao=null& processo=1221756&b=ACOR"b=ACOR. Acesso em: 31 ago. 2012. BRASIL. *STJ.* Recurso especial 1057274/RS. Relatora: Ministra Eliana Calmon. Julgamento: 1.12.2009. Segunda Turma. Fonte: DJe 26.2.2010. Disponível em: http://www.stj.jus.br/SCON/jurisprudencia/ toc.jsp?tipo_visualizacao=null&processo=1057274&b=ACOR>. Acesso em: 31 ago. 2012.

BRASIL. *STJ.* Recurso especial 1150530/SC. Relator: Ministro Humberto Martins. Segunda Turma. Julgamento 18.2.2010. Fonte: DJe 8.3.2010. Disponível em: <http://www.stj.jus. br/SCON/jurisprudencia/toc.jsp?tipo_visualizacao=nullHYPERLINK "http://www.stj.jus.br/ SCON/jurisprudencia/toc.jsp?tipo_visualizacao=null&processo=1150530&b=ACOR"&H YPERLINK "http://www.stj.jus.br/SCON/jurisprudencia/toc.jsp?tipo_visualizacao=null&p rocesso=1150530&b=ACOR"processo=1150530HYPERLINK "http://www.stj.jus.br/SCON/ jurisprudencia/toc.jsp?tipo_visualizacao=null&processo=1150530&b=ACOR"&HYPERLI NK "http://www.stj.jus.br/SCON/jurisprudencia/toc.jsp?tipo_visualizacao=null&processo= 1150530&b=ACOR"b=ACOR>. Acesso em: 31 ago. 2012.

BRASIL. *STJ.* Recurso especial 802060/RS. Relator: Ministro Luiz Fux. Primeira Turma. Julgamento: 17.12.2009. Fonte: DJe 22.2.2010. Disponível em: <http://www.stj.jus.br/SCON/ jurisprudencia/toc.jsp?tipo_visualizacao=null&processo=802060&b=ACOR>. Acesso em: 30 ago. 2012.

BRASIL. *TST*. Recurso de revista 12400-59.2006.5.24.0061. Relator: Walmir Oliveira da Costa. Julgamento: 17.8.2011. Primeira Turma. Fonte: DEJT 26.8.2011. Disponível em: <http://aplicacao5.tst.jus.br/consultaunificada2/inteiroTeor.do?action=printInteiroTeor& highlight=true&numeroFormatado=RR - 12400-59.2006.5.24.0061&base=acordao&nu mProcInt=270012&anoProcInt=2008&dataPublicacao=26/08/2011 07:00:00&query=>. Acesso em: 31 ago. 2012.

BRASIL. *TST*. Agravo em agravo de instrumento em recurso de revista 1516/2007-107-03-41.0. Relatora: Maria Cristina Irigoyen Peduzzi. Julgamento: 14.10.2009. Oitava Turma. Publicação: 23.10.2009. Disponível em: <http://aplicacao5.tst.jus.br/consultaunificada2/>. Acesso em: 30.8.2012.

CANEZIN, Claudete Carvalho. Da reparação do dano existencial ao filho decorrente do abandono paterno-filial. *Revista Brasileira de Direito de Família,* Belo Horizonte, IOB Thomson e Instituto Brasileiro de Direito de Família, ano VIII, n. 36, p. 71-87, jun./jul. 2006.

CANOTILHO, J. J. Gomes. *Direito Constitucional e teoria da Constituição.*7. ed. Coimbra: Almedina, 2003.

CARELLI, Rodrigo de Lacerda. Transação na ação civil pública e na execução do termo de compromisso de ajustamento de conduta e a reconstituição dos bens lesados. *Revista do Ministério Público do Trabalho*, Brasília, LTr, ano VII, n. 33, p. 122-129, mar. 2007.

CARVALHO NETTO, Menelik. Requisitos pragmáticos da interpretação jurídica sob o paradigma do estado democrático de direito. *Revista de Direito Comparado*, Pós-graduação da Faculdade de Direito da Universidade Federal de Minas Gerais, Belo Horizonte, Mandamentos, v. 3, p. 473-486, maio 1993.

COSTA, Marcelo Freire Sampaio. *Dano moral (extrapatrimonial) coletivo*. São Paulo: LTr, 2009.

DWORKIN, Ronald. *O império do direito*. Tradução Jefferson Luiz Camargo. 2. ed. São Paulo: Martins Fontes, 2007.

FARIAS, Cristiano Chaves de; RONSEVALD, Nelson. *Direitos das obrigações*. Rio de Janeiro: Lumen Juris, 2006.

FONSECA, Bruno Gomes Borges da. *Compromisso de ajustamento de conduta*. LTr: São Paulo, 2013.

FONSECA, Bruno Gomes Borges da; LEITE, Carlos Henrique Bezerra. Acesso à justiça e ações pseudoindividuais: (i)legitimidade ativa do indivíduo nas ações coletivas. In: WAMBIER, Teresa Arruda Alvim (Coord.). *Revista de Processo*, São Paulo, Revista dos Tribunais, ano 37, n. 203, p. 347-365, jan. 2012.

GÜNTHER, Klaus. *Teoria da argumentação no direito e na moral*: justificação e aplicação. Tradução Claudio Molz. São Paulo: Landy, 2004.

HÄBERLE, Peter. *Hermenêutica constitucional*. A sociedade aberta dos intérpretes da Constituição: contribuição para a interpretação pluralista e procedimental da constituição.Tradução Gilmar Ferreira Mendes. Porto Alegre: Sergio Antonio Fabris, 1997.

HABERMAS, Jürgen. *Direito e democracia*: entre facticidade e validade. Tradução Flávio Beno Siebeneichler. Rio de Janeiro: Tempo Brasileiro, 2003. v. I e II.

_____. *Pensamento pós-metafísico*: estudos filosóficos. Tradução Flávio Beno Siebeneichler. 2. ed. Rio de Janeiro: Tempo Brasileiro, 2002.

KUHN, Thomas S. *A estrutura das revoluções científicas*. Tradução Beatriz Vianna Boeira e Nelson Boeira. 9. ed. São Paulo: Perspectiva, 2007.

LEAL, Rosemiro Pereira. *Teoria geral do processo:* primeiros estudos. 10. ed. rev. e aum. Rio de Janeiro: Forense, 2011.

MENDES, Aluisio Gonçalves de Castro. *Ações coletivas no direito comparado e nacional*. 2. ed. rev., atual. e ampl. São Paulo: Revista dos Tribunais, 2010.

RAMOS, André de Carvalho. A ação civil pública e o dano moral coletivo. *Revista de Direito do Consumidor*, São Paulo, Revista dos Tribunais, n. 25, p. 80-98, jan./mar. 1998.

SARLET, Ingo Wolfgang. *A eficácia dos direitos fundamentais*. 7. ed. rev., atual. e ampl. Porto Alegre: Livraria do Advogado, 2007.

SILVA, Ovídio A. Baptista da; GOMES, Fábio Luiz. *Teoria geral do processo civil*. 6. ed. rev. e ampl. Atualização Jaqueline Mielke Silva e Luiz Fernando Baptista da Silva. São Paulo: Revista dos Tribunais, 2011.

STRECK, Lenio Luiz. *O que é isto — decido conforme minha consciência?* 2. ed. rev. e ampl. Porto Alegre: Livraria do Advogado, 2010.

TUCCI, José Rogério Cruz e. *A causa petendi no processo civil*. 3. ed. rev., atual. e ampl. São Paulo: Revista dos Tribunais, 2009.

8. Cabimento da ação popular na Justiça do Trabalho em defesa do meio ambiente laboral

Sarah Hora Rocha e Carlos Henrique Bezerra Leite

Sumário: 1. Introdução. 2. Ação popular: das fontes romanas ao ordenamento jurídico brasileiro. 3. Ação popular e acesso à Justiça. 4. A lesão ao meio ambiente de trabalho como hipótese de cabimento da ação popular na Justiça do Trabalho. Conclusão. Referências bibliográficas.

1. Introdução

O acesso à justiça, entendido, em breve síntese, como modo pelo qual os direitos se efetivam, configura tema de fundamental importância para a realização da justiça e adequação do âmbito jurídico às necessidades sociais, motivo pelo qual consiste em tema central às discussões jurídicas. Além disso, o acesso à justiça é considerado requisito fundamental ao atual sistema jurídico, configurando, nas palavras de Cappelletti (1988), o mais básico dos direitos humanos.

O referido autor indica o aparecimento, no mundo ocidental, de três "ondas" destinadas a solucionar os problemas atinentes ao acesso à Justiça. Uma delas, a segunda "onda", se referia à representação jurídica dos interesses difusos ou coletivos. Com ela, emergiu nova preocupação com as ações coletivas, colocando em xeque as noções tradicionais do processo civil e do papel dos tribunais.

No ordenamento jurídico brasileiro surge, então, com a Lei n. 4.717/1965, a ação popular cujo art. 1º confere a "qualquer cidadão" legitimidade ativa "para pleitear a anulação ou a declaração de nulidade de atos lesivos ao patrimônio da União, do Distrito Federal, dos Estados, dos Municípios, de entidades autárquicas, de sociedades de economia mista" e dos demais entes administrativos descentralizados.

Com o advento da Constituição Federal de 1988, houve recepção qualificada da referida lei, uma vez que seu art. 5º, inciso LXXIII, reconhece a "qualquer cidadão" a *legitimatio ad causam* "para propor ação popular que vise a anular ato lesivo ao patrimônio público ou de entidade de que o Estado participe, à moralidade administrativa, ao meio ambiente e ao patrimônio histórico e cultural".

Atualmente, a utilização da ação popular tem sido mais frequente no âmbito da Justiça comum. Contudo, torna-se necessário estudo acerca da possibilidade de

138 ■ DIREITO MATERIAL E PROCESSUAL DO TRABALHO

ampliação do manejo da ação popular, de modo a permitir o manejo desse remédio constitucional na Justiça Laboral, mormente no que tange à tutela do meio ambiente do trabalho. Afinal, o meio ambiente do trabalho, direito social (e metaindividual) inscrito na Constituição Federal (art. 6º) como direito fundamental, merece especial atenção e proteção no avançado estágio em que o modo de produção capitalista se encontra, em razão da crescente degradação a que vem sendo submetido.

Nesse contexto, ainda que proposta por um particular, a ação popular atua, necessariamente, em prol da defesa de interesses da coletividade, consistindo, portanto, em relevante mecanismo de acesso coletivo à Justiça. Daí o problema da presente pesquisa: à luz da moderna concepção de acesso à Justiça, é cabível a ação popular no âmbito da Justiça Laboral como instrumento de tutela do ambiente de trabalho?

O presente trabalho tem por escopo traçar algumas considerações no sentido de responder a tal indagação, sempre com âncora na máxima efetividade do direito fundamental social dos trabalhadores a um sadio meio ambiente de trabalho. Pretende-se, assim, ao final, contribuir para os debates doutrinários que gravitam em torno da ampliação e efetivação do acesso à Justiça do Trabalho, da cidadania e dos direitos fundamentais tuteláveis pela ação popular.

No intuito de analisar o cabimento da ação popular na Justiça do Trabalho para tutela do meio ambiente do trabalho, à luz da moderna concepção de acesso à justiça, buscou-se: a) examinar as questões históricas e conceituais referentes à ação popular; b) analisar a ação popular na teoria dos direitos e garantias fundamentais e sua utilização como instrumento de acesso à justiça; c) definir meio ambiente e meio ambiente do trabalho; d) analisar a competência da Justiça do Trabalho para o julgamento da ação popular; e) identificar a (im)possibilidade de cabimento da ação popular na Justiça Laboral para tutela do meio ambiente do trabalho.

2. Ação popular: das fontes romanas ao ordenamento jurídico brasileiro

A ação popular remonta suas origens ao Direito Romano, embora o cidadão romano dos primeiros tempos, por meio das chamadas *actiones popularis*, pudesse agir apenas nas hipóteses em que o interesse público abarcasse também seu interesse particular. Posteriormente, contudo, a noção de ação popular se desenvolveu, e, consoante José Afonso da Silva (2007, p. 18-19), passou a autorizar os particulares a agir ainda que não possuíssem qualquer interesse pessoal no caso concreto.

As *actiones popularis* deram origem à tutela jurisdicional dos interesses difusos, como aduz Nelson Nery Junior (2002, p. 601):

> O fenômeno da existência dos direitos metaindividuais (difusos, coletivos e individuais homogêneos) não é novo, pois já era conhecido dos romanos. Nem a terminologia "difusos" é nova. Com efeito, as *actiones popularis* do direito romano, previstas no Digesto 47, 23, 1, que eram ações essencialmente privadas, destinavam-se à proteção dos interesses

da sociedade. Qualquer do povo podia ajuizá-las, mas não agia em nome do direito individual seu, mas como membro da comunidade, como defensor desse mesmo interesse público.

Quanto à continuidade das *actiones popularis* no período medieval, esclarece Gregório Assagra de Almeida (2003, p. 381):

> Apesar de o assunto não ser pacífico, as *actiones popularis* do direito romano, consoante entendimento majoritário da doutrina especializada, não sobreviveram no direito intermédio. São indicadas como causas: o autoritarismo feudal, as monarquias absolutistas, a religiosidade ambígua e aterrorizante da Santa Inquisição e as suas incompatibilidades com a figura da ação popular.

Já no direito moderno, ainda conforme Gregório Assagra de Almeida (2003, p. 382), houve o surgimento do primeiro texto sobre a ação popular "[...] com o advento da lei comunal de 30 de março de 1836, na Bélgica, seguida, na França, pela lei comunal de 18 de julho de 1837. Sob a influência dessas legislações, surgiu em 1859 a ação popular eleitoral italiana".

O ressurgimento da ação popular no mencionado contexto histórico foi possibilitado pela queda do despotismo político e coincidiu com o aparecimento do Estado Liberal. Neste viés, elucida José Afonso da Silva (2007, p. 30):

> Pressuposto sociocultural da ação popular constitui-se da comunhão sociedade-Estado, ainda que seja quanto a um mínimo de participação do povo na formação do poder político. Ora, no Estado absolutista, tal pressuposto falta por completo. [...] Só o retorno ao sistema de participação do povo na vida pública poderia criar as condições necessárias ao ressurgimento desse instrumento de democracia, que é a ação popular. [...]

No Brasil, desde que inserida no ordenamento jurídico nacional, a ação popular adquiriu diferentes contornos, advertindo Rodolfo de Camargo Mancuso (2003, p. 58) que para compreendermos o desenvolvimento da ação popular no direito brasileiro é preciso considerar a divisão de seu histórico em duas fases: antes e depois da Constituição Brasileira de 1934.

Nesse sentido, Gregório Assagra de Almeida (2003, p. 383) aponta que alguns autores indicam a Carta Imperial de 1824 como o primeiro texto constitucional brasileiro a dispor sobre a ação popular, porquanto o seu art. 157 previa que "por suborno, peita, peculato e concussão haverá contra eles acção popular, que poderá ser intentada dentro de anno, e dia, pelo próprio queixoso, ou por qualquer do Povo, guardada a ordem do Processo estabelecida na Lei". O referido autor observa, entretanto, que tal dispositivo não apresentava os mesmos contornos da ação popular propriamente dita, razão pela qual não deveria, consoante entendimento majoritário, ser compreendida como o primeiro texto constitucional nacional a dispor sobre a ação popular, mesmo porque o dispositivo foi concebido "como uma espécie de ação popular penal, e não como instrumento de participação política" (ALMEIDA, 2003, p. 383).

A Constituição Federal de 1891, a seu turno, não cuidou da ação popular, razão pela qual pode-se dizer que a Carta da República de 1934 foi a primeira da Constituição brasileira a amparar tal instituto processual com contornos análogos aos atuais, por meio de seu art. 113, inciso XXXVIII, que dispunha: "qualquer cidadão será parte legítima para pleitear a declaração de nulidade ou a anulação dos atos lesivos do patrimônio da União, dos Estados ou dos Municípios".

A Carta Magna de 1937, porém, influenciada pela ideologia do "Estado Novo", não abrigou a ação popular, tendo tal remédio reaparecido com a Carta de 1946, que ampliou essa ação, como se infere do seu art. 141, § 38. A partir desse momento, então, a ação popular passou a ter por objeto não só a proteção patrimonial das pessoas políticas, como também das entidades autárquicas e sociedades de economia mista.

Já as Constituições de 1967 e 1969 mantiveram a ação popular em seus textos, tendo a derradeira, em seu art. 153, parágrafo 31, consignado que "qualquer cidadão será parte legítima para propor ação popular que vise a anular atos lesivos ao patrimônio de entidades públicas".

Finalmente, a ação popular encontra-se expressamente prevista na Constituição da República de 1988, em seu art. 5º, inciso LXXVIII, que, textualmente, dispõe:

> Qualquer cidadão é parte legítima para propor ação popular que vise a anular ato lesivo ao patrimônio público ou de entidade de que o Estado participe, à moralidade administrativa, ao meio ambiente e ao patrimônio histórico e cultural, ficando o autor, salvo comprovada má-fé, isento de custas judiciais e do ônus da sucumbência.

Em nível infraconstitucional, a ação popular está prevista na Lei n. 4.717, de 29 de junho de 1965, criada sob a égide da Constituição de 1946 e alterada pelas Leis n. 6.014, de 27 de dezembro de 1973, e n. 6.513, de 20 de dezembro de 1977, quando vigiam as Cartas de 1967 e 1969.

Assim, o art. 1º da Lei n. 4.717/65, atualmente em vigor, recepcionada que foi pela Constituição da República de 1988, dispõe, in verbis:

> Art. 1º Qualquer cidadão será parte legítima para pleitear a anulação ou a declaração de nulidade de atos lesivos ao patrimônio da União, do Distrito Federal, dos Estados, dos Municípios, de entidades autárquicas, de sociedades de economia mista (Constituição, art. 141, § 38), de sociedades mútuas de seguro nas quais a União represente os segurados ausentes, de empresas públicas, de serviços sociais autônomos, de instituições ou fundações para cuja criação ou o custeio o tesouro público haja concorrido ou concorra com mais de cinquenta por cento do patrimônio ou da receita ânua, de empresas incorporadas ao patrimônio da União, do Distrito Federal, dos Estados e dos Municípios, e de quaisquer pessoas jurídicas ou entidades subvencionadas pelos cofres públicos.

Vê-se, portanto, que a Constituição de 1988, batizada de "Constituição Cidadã" por Ulisses Guimarães, ampliou consideravelmente o objeto da ação popular, sendo, portanto, a primeira Carta Republicana a prever a possibilidade de manejo deste remédio constitucional para tutelar o meio ambiente, privilegiando, desse modo, os princípios do acesso à justiça e da cidadania, sendo este último fundamento da República Federativa do Brasil e valor indissociável do Estado Democrático de Direito.

Nesse passo, cumpre mencionar o conceito clássico formulado por Hely Lopes Meirelles (2007, p. 123-124) que, com a autoridade de ser um dos mentores da Lei n. 4.717/65, considera a ação popular um

> [...] meio constitucional posto à disposição de qualquer cidadão para obter a invalidação de atos ou contratos administrativos — ou a estes equiparados — ilegais e lesivos do patrimônio federal, estadual e municipal, ou de suas autarquias, entidades paraestatais e pessoa jurídicas subvencionadas com dinheiro público.

O referido autor destaca, ainda, que a ação popular

> [...] é um instrumento de defesa dos interesses da coletividade, utilizável por qualquer de seus membros. Por ela não se amparam direitos individuais próprios, mas sim interesses da comunidade. O beneficiário direto e imediato desta ação não é o autor; é o povo, titular do direito subjetivo ao governo honesto. O cidadão a promove em nome da coletividade, no uso de uma prerrogativa cívica que a Constituição da República lhe outorga (MEIRELLES, 2007, p. 124).

Percebe-se, desse modo, a importância da ação popular, na medida em que essa legitima, potencialmente, cada um de seus cidadãos, como um defensor da moralidade administrativa, do meio ambiente e do patrimônio público *lato sensu* (erário e valores históricos, turísticos, artísticos e estéticos).

Nessa perspectiva, Luísa Elisabeth T. C. Furtado (1997, p. 50) aduz que

> A ação popular tem influências do princípio republicano [...], pois sendo a coisa do povo este deve fiscalizar o que é seu. O patrimônio do Estado (os bens e direitos, de valor econômico, artístico, estético ou histórico), pertence ao povo e por isso é público. Daí que o constituinte estendeu a fiscalização popular a qualquer cidadão brasileiro, que como titular da coisa pública possa individualmente protegê-la, configurando-se em defensor do patrimônio público, agindo em nome próprio, e no exercício de um direito seu, assegurado constitucionalmente, embora o interesse diga respeito à coletividade como um todo.

Por certo, a ação popular constitui nobre garantia constitucional, uma vez que o cidadão que a ajuíza não o faz munido de interesse (direta ou puramente) individual, mas em função de interesses que ultrapassam sua esfera particular, atingindo uma coletividade.

Idêntico é o magistério de Rodolfo de Camargo Mancuso (2003, p. 69), que afirma:

> No Direito positivo brasileiro contemporâneo deve-se considerar popular a ação que, intentada por qualquer do povo (mais a condição de ser cidadão eleitor, no caso da ação popular constitucional), objetive a tutela judicial de um dos interesses metaindividuais previstos especificamente nas normas de regência [...]".

Nesses termos, é importante ressaltar a isenção constitucionalmente reconhecida ao autor, salvo comprovada má-fé, das custas processuais e do ônus de sucumbência, o que valoriza a importância do cidadão no exercício de um direito fundamental exercido individualmente, porém em benefício da coletividade. Trata-se de uma prerrogativa processual conferida ao cidadão que reforça a relevância da ação popular e sua potencialidade de utilização como instrumento de participação popular, que decorre da aplicação do princípio da soberania popular, consagrado no parágrafo único do art. 1º da Constituição da República, segundo o qual "todo o poder emana do povo, que o exerce por meio de representantes eleitos ou diretamente, nos termos desta Constituição".

3. Ação popular e acesso à Justiça

O movimento de "acesso à justiça" vem sendo objeto de diversos debates jurídicos, ante a centralidade que tal temática ocupa quanto à problemática da efetivação de direitos. Para Mauro Cappelletti e Bryant Garth (1988, p. 12), o acesso à justiça pode ser entendido como "o requisito fundamental — o mais básico dos direitos humanos — de um sistema jurídico moderno e igualitário que pretenda garantir, e não proclamar, os direitos de todos".

O acesso à justiça, como direito humano e fundamental, é de extrema relevância para os sistemas jurídicos modernos porque, por meio dele, torna-se possível efetivar (e garantir) outros direitos, e não apenas anunciá-los.

Assim, de acordo com Mauro Cappelletti e Bryant Garth (1988, p. 13):

> "[...] o 'acesso' não é apenas um direito social fundamental, crescentemente reconhecido; ele é, também, necessariamente, o ponto central da moderna processualística. Seu estudo pressupõe um alargamento e aprofundamento dos objetivos e métodos da moderna ciência jurídica".

Impende ressaltar, contudo, que o acesso à justiça não deve ser concebido como mera admissão do indivíduo postulante em juízo, pois, como adverte Kazuo Watanabe (1988, p. 128):

> A problemática do acesso à Justiça não pode ser estudada nos acanhados limites do acesso aos órgãos judiciários já existentes. Não se trata apenas

de possibilitar o acesso à Justiça enquanto instituição estatal, e sim de viabilizar o acesso à ordem jurídica justa.

No que concerne ao sistema de acesso metaindividual à justiça, ressalta Carlos Henrique Bezerra Leite (2010, p. 156) que o ordenamento jurídico brasileiro conferiu legitimação *ad causam*: a) aos órgãos públicos, nas ações civis públicas ou coletivas para tutela de interesses ou direitos difusos, coletivos e individuais homogêneos; b) às associações civis, nas mesmas hipóteses (CF, art. 129, § 1º); c) aos cidadãos, na ação popular para tutela de interesses difusos.

Cumpre lembrar que a denominação "cidadão", disposta no texto constitucional, vem sendo entendida, segundo a doutrina e a jurisprudência, como o nacional detentor de direitos políticos, ou seja, o eleitor, portador de título eleitoral, nos termos do art. 1º, § 3º, da Lei n. 4.717/65.

Nesse contexto, cumpre salientar que a defesa coletiva de direitos ou interesses difusos por meio do cidadão na ação popular constituiu marco de suma importância no movimento universal (ou "ondas") de acesso à Justiça (CAPPELLETTI e GARTH, 1988). Para esses teóricos, a primeira "onda" se concentrava na assistência judiciária e na preocupação dos ordenamentos jurídicos em assegurar a prestação jurídica gratuita aos pobres.

Já a segunda "onda" do movimento teve como foco a preocupação com a representação dos interesses difusos, buscando, entre outras questões, uma releitura das concepções tradicionais do processo civil, a exemplo da coisa julgada, cujos efeitos apresentavam-se, até então, restritos às partes integrantes da relação jurídico-processual. A segunda "onda" de acesso à justiça, portanto, centrou sua preocupação nos interesses difusos e na sua reivindicação de forma eficiente.

Finalmente, a terceira "onda", mais abrangente que as antecedentes, mas que não as abandonou, denominada por Mauro Cappelletti e Mauro Garth (1988) como "o enfoque do acesso à Justiça", encoraja a exploração de ampla variedade de reformas. Esta onda, pois, "centra sua atenção no conjunto geral de instituições e mecanismos, pessoas e procedimentos utilizados para processar e mesmo prevenir disputas nas sociedades modernas" (CAPPELLETTI e GARTH, 1988, p. 67-68).

Assim, percebe-se que a ação popular, além de vincular-se diretamente à segunda onda do movimento de acesso à justiça, uma vez que seu objeto repousa na tutela de interesses difusos, também apresenta forte conexão com a terceira onda do movimento.

Não obstante a importância da ação popular no rol das ações coletivas previstas em nosso ordenamento jurídico, é lamentável que ainda persistam certos obstáculos de natureza jurídico-processual que, em consonância com os objetivos da terceira onda de acesso à justiça, devem ser superados.

Daí a percuciente advertência de Gregório de Assagra Almeida (2003, p. 434), para quem:

> a ação popular é a mais legítima de todas as ações coletivas; isso pelo fato de que o seu legitimado ativo é o próprio cidadão titular do direito difuso lesado ou ameaçado de lesão. E mais: o cidadão, quando ajuíza uma ação popular, o faz no exercício direto de sua soberania, nos termos em que está estabelecido esse direito político na Constituição Federal (art. 1º, parágrafo único, c/c o art. 5º, LXXIII, da CF).

Como exemplo de obstáculo a ser enfrentado na ação popular, destacamos a rara atuação do cidadão como autor desse relevante remédio constitucional. Tal fato pode ser atribuído, em parte, à ignorância de grande parte da população quanto à ação popular na defesa de direitos coletivos.

Na mesma direção dispõe Carlos Simões Fonseca (2009, p. 45):

> O baixo nível de instrução, decorrente da péssima qualidade da educação fornecida pelo Estado e as dificuldades de acesso aos meios de cultura e informação, constituem importantes entraves à plena realização da justiça em nosso país, porque deixa grande parte da população alienada do ordenamento jurídico, e consequentemente sem conhecer os direitos a que faz jus [...].

O autor (2009, p. 45) ressalta, ainda, que também constitui fator que dificulta o acesso ao sistema jurisdicional a hipossuficiência econômico-financeira que impossibilita às camadas menos favorecidas da população a contratação de advogados e o suporte das custas de um processo judicial.

Tais obstáculos são percebidos nitidamente quanto à utilização da ação popular no Brasil, o que a tornam pouco utilizada, muito embora consista em importante instrumento de concretização de direitos. Nesse sentido, cabe salientar, além do que já foi consignado quanto ao pouco conhecimento da população a respeito de seus direitos e ao entrave relativo à escassez de recursos econômicos de considerável parcela da população brasileira, que, muito embora a Constituição da República isente o cidadão das custas processuais e do ônus decorrente da sucumbência, não lhe atribuiu capacidade postulatória, o que lhe impõe a contratação de um advogado.

Esse óbice ao amplo ajuizamento da ação popular, contudo, é contornado se considerada cabível a ação popular na Justiça do Trabalho, porquanto, nesse ramo do Judiciário, pode ser concedido o *jus postulandi* ao autor, permitindo-lhe a atuação em juízo sem advogado, pela aplicação subsidiária do art. 791 da CLT.

Dessa forma, faz-se relevante a análise do cabimento da ação popular na seara trabalhista, pela importância desse remédio constitucional para o exercício da soberania popular e efetivação do direito fundamental de acesso à justiça em defesa de interesses difusos.

4. A lesão ao meio ambiente do trabalho como hipótese de cabimento da ação popular na Justiça do Trabalho

Conforme mencionado anteriormente, no presente artigo, a Constituição da República estabelece, em seu art. 5º, LXXIII, que "qualquer cidadão é parte legítima para propor ação popular que vise a anular ato lesivo ao (...) meio ambiente".

Destarte, impõe-se, inicialmente, examinar a definição de meio ambiente prevista na Lei de Política Nacional do Meio Ambiente, Lei n. 6.938, de 31 de agosto de 1981, segundo a qual meio ambiente compreende "o conjunto de condições, leis, influências e interações de ordem física, química e biológica, que permite, abriga e rege a vida em todas as suas formas".

Raimundo Simão de Melo (2008, p. 25) obtempera que:

> Essa definição da Lei de Política Nacional do Meio Ambiente é ampla, devendo-se observar que o legislador optou por trazer um conceito jurídico aberto, a fim de criar um espaço positivo de incidência da norma legal, o qual está em plena harmonia com a Constituição Federal de 1988 que, no *caput* do art. 225, buscou tutelar todos os aspectos do meio ambiente (natural, artificial, cultural e do trabalho), afirmando que "todos têm direito ao meio ambiente ecologicamente equilibrado, bem de uso comum do povo e essencial à sadia qualidade de vida". Assim, dois são os objetos de tutela ambiental constantes da definição legal, acolhidos pela Carta Maior: um, imediato — a qualidade do meio ambiente em todos os seus aspectos — e outro, mediato — a saúde, segurança e o bem-estar do cidadão, expresso nos conceitos de vida em todas as suas formas (Lei n. 6.938/81, art. 3º, inciso I) e qualidade de vida (CF, art. 225, *caput*).

Para Hugo Nigro Mazzilli (2006, p. 145), é possível classificar o meio ambiente em meio ambiente natural, artificial, cultural e do trabalho. Para o referido autor, "tudo o que diga respeito ao equilíbrio ecológico e induza a uma sadia qualidade de vida é, pois, questão afeta ao meio ambiente. Assim, devem ser combatidas todas as formas de degradação ambiental, em qualquer nível" (2006, p. 145).

A questão relativa ao meio ambiente laboral perpassa pelos direitos fundamentais à vida, à saúde e à dignidade humana do trabalhador, que merecem especial atenção da sociedade, mormente se considerarmos o avançado estágio do sistema capitalista atual. Nesse contexto, torna-se essencial a proteção do meio ambiente do trabalho, o qual consiste, consoante definição de Celso Antonio Pacheco Fiorillo (2012, p. 81-82), no

> [...] local onde as pessoas desempenham suas atividades laborais relacionadas à sua saúde, sejam remuneradas ou não, cujo equilíbrio está baseado na salubridade do meio e na ausência de agentes que comprometam a incolumidade físico-psíquica dos trabalhadores, independente

da condição que ostentem (homens ou mulheres, maiores ou menores de idade, celetistas, servidores públicos, autônomos etc.). Caracteriza-se pelo complexo de bens móveis e imóveis de uma empresa ou sociedade, objeto de direitos subjetivos privados e invioláveis da saúde e da integridade física dos trabalhadores que a frequentam.

Para Julio Cesar de Sá da Rocha (1997, p. 30), a seu turno, o meio ambiente do trabalho pode ser conceituado como "a ambiência na qual se desenvolvem as atividades do trabalho humano. Não se limita ao empregado; todo trabalhador que cede a sua mão de obra exerce sua atividade em um ambiente de trabalho".

Cabe perquirir, então, dados os conceitos de meio ambiente do trabalho, qual a Justiça competente para decidir questões coletivas relativas ao meio ambiente do trabalho.

A Constituição dispõe, em seu art. 114, que compete à Justiça do Trabalho processar e julgar as controvérsias decorrentes da relação de trabalho. Portanto, nas ações em que a causa de pedir se refira a questões de natureza trabalhista, não há dúvida de que à Justiça do Trabalho caberá o processamento da demanda.

Nessa direção, inclusive, preceitua a Súmula n. 736 do Supremo Tribunal Federal (STF), segundo a qual "compete à Justiça do Trabalho julgar as ações que tenham como causa de pedir o descumprimento de normas trabalhistas relativas à segurança, higiene e saúde dos trabalhadores".

Isso posto, vale destacar que a Constituição da República se refere, quanto ao cabimento da ação popular, a atos lesivos ao meio ambiente. É certo que a mesma Constituição, em seu art. 200, VIII, dispõe que ao sistema único de saúde compete, além de outras atribuições, nos termos da lei, colaborar na proteção do meio ambiente, "nele compreendido o do trabalho".

Percebe-se, destarte, que a Carta Maior inclui, em seu conceito de meio ambiente, o meio ambiente do trabalho. Além disso, sabe-se que a interpretação concernente aos direitos fundamentais deve ser ampliativa. Leciona Luís Roberto Barroso (2004, p. 122), nesse sentido, que "comportam interpretação extensiva as normas que asseguram direitos, estabelecem garantias e fixam prazos".

Não se pode olvidar, ainda, no exercício da interpretação constitucional, dos postulados constitucionais, os quais deverão ser considerados em toda e qualquer estrutura interpretativa, consoante lição de Celso Ribeiro Bastos (1997, p. 99). Referido autor aduz que trata-se de "postulados, axiomas que se caracterizam pelo aspecto cogente com que se apresentam ao intérprete" (BASTOS, 1997, p. 100).

Luís Roberto Barroso (2004), a seu turno, denomina tais postulados de princípios específicos ou princípios instrumentais de interpretação constitucional. São eles, de acordo com o referido autor: a) princípio da supremacia da Constituição; b) princípio da presunção de constitucionalidade das leis e dos atos do poder público; c) princípio da interpretação conforme a Constituição; d) princípio da unidade da Constituição; e) princípio da razoabilidade ou da proporcionalidade; f) princípio da efetividade.

Quanto ao princípio da máxima efetividade, temos que, consoante lição de J. J. Gomes Canotilho (2003, p. 1224):

> Este princípio, também designado por princípio da eficiência ou princípio da interpretação efectiva, pode ser formulado da seguinte maneira: a uma norma constitucional deve ser atribuído o sentido que maior eficácia lhe dê. É um princípio operativo em relação a todas e quaisquer normas constitucionais, e embora a sua origem esteja ligada à tese da actualidade das normas programáticas (Thoma), é hoje sobretudo invocado no âmbito dos direitos fundamentais (no caso de dúvidas, deve preferir-se a interpretação que reconheça maior eficácia aos direitos fundamentais).

Desse modo, sendo o meio ambiente um direito fundamental, a proteção constitucional proporcionada ao meio ambiente abrange o meio ambiente natural, artificial, cultural e do trabalho, mesmo porque essa interpretação propicia maior proteção aos direitos à vida, à saúde, à segurança e ao acesso à justiça.

Há, contudo, quem advogue o não cabimento da ação popular no que concerne à proteção da saúde e da segurança do trabalhador. Nesse viés, Felipe Lopes Soares (2012, p. 441-442) entende que uma interpretação histórica do instituto da ação popular impossibilita a conclusão pelo cabimento desse instrumento para a proteção do meio ambiente do trabalho, considerando que "a ação popular sempre teve sua vocação voltada à proteção de bens e interesses difusos (majoritariamente atrelados ao erário), ou seja, não individualizáveis sequer em nível de grupo" (SOARES, 2012, p. 441-442). Sustenta, ainda, o autor (2012, p. 442):

> [...] o texto constitucional deve ser interpretado de forma integrada. Assim, se ao tratar das hipóteses de cabimento da ação popular o legislador constituinte não mencionou expressamente o meio ambiente do trabalho, como o fez no mencionado art. 200, é forçoso concluir que sua intenção foi de excluir a proteção ao meio ambiente do trabalho do rol de hipóteses de cabimento da ação popular.

Primeiro, cumpre consignar que a interpretação histórica, de acordo com Luís Roberto Barroso (2004, p. 132):

> [...] consiste na busca do sentido da lei através dos precedentes legislativos, dos trabalhos preparatórios e da *occasio legis*. Esse esforço retrospectivo para revelar a vontade histórica do legislador pode incluir não só a revelação de suas intenções quando da edição da norma como também a especulação sobre qual seria a sua vontade se ele estivesse ciente dos fatos e ideias contemporâneos.

Sabe-se, porém, quanto aos métodos de interpretação conhecidos, que "nenhum método deve ser absolutizado: os diferentes meios empregados ajudam-se uns aos outros, combinando-se e controlando-se reciprocamente" (BARROSO, 2004, p. 125). Ademais, o mesmo autor adverte:

[...] não existe, a rigor, nenhuma hierarquia predeterminada entre os variados métodos interpretativos, nem um critério rígido de desempate. A tradição romano-germânica, todavia, desenvolveu algumas diretrizes que podem ser úteis. [...] Em primeiro lugar, a atuação do intérprete deve conter-se sempre dentro dos limites e possibilidades do texto legal. A interpretação gramatical não pode ser inteiramente desprezada. Assim, por exemplo, entre as interpretações possíveis, deve-se optar pela que conduza à compatibilização de uma norma com a Constituição. É a chamada interpretação conforme a Constituição [...]. Em segundo lugar, os métodos objetivos, como o sistemático e o teleológico, têm preferência sobre o método tido como subjetivo, que é o histórico. A análise histórica desempenha um papel secundário, suplementar na revelação do sentido da norma. (BARROSO, 2004, p. 125).

Desse modo, entendemos que a interpretação histórica não caracteriza óbice ao cabimento da ação popular na tutela do meio ambiente do trabalho. Não é possível concluir, apenas por uma interpretação histórica, que o legislador constituinte pretendia incluir o meio ambiente do trabalho na proteção possibilitada pela ação popular, mas é possível concluir que a tão proclamada "Constituição Cidadã" pretendeu priorizar direitos sociais, o que se apresenta em sincronia com a defesa do meio ambiente do trabalho pela via da ação popular. Igualmente, o legislador constituinte foi expresso ao estabelecer, no art. 200, VIII, que o meio ambiente compreende o meio ambiente do trabalho.

Ademais, adotando-se a interpretação gramatical-sistemática, conclui-se pela impossibilidade, no presente caso, de se atribuir significados distintos a termos idênticos, consignados na mesmo Constituição, visto que a Carta Maior não é um conglomerado caótico de normas, mas um sistema normativo harmônico. Por esse motivo, Celso Ribeiro Bastos (1997, p. 116) dispõe:

A termos idênticos, utilizados por diferentes normas, se deve atribuir o mesmo significado, salvo raríssimas exceções, quando se tratem de situações diversas, embora o vocábulo seja o mesmo. [...] O pressuposto do qual parte este enunciado é o de que não há, na linguagem constitucional, e não deveria haver mesmo, polissemia.

Nessa direção, para Luís Roberto Barroso (2004, p. 130), "idealmente, [...] deve o constituinte, na medida do possível, empregar as palavras com o mesmo sentido sempre que tenha de repeti-las em mais de uma passagem".

Abordada a questão referente à interpretação constitucional do dispositivo concernente à ação popular, mister analisar a natureza difusa dos bens tutelados pela ação popular.

Nesse contexto, destaca-se que também o meio ambiente do trabalho consiste em bem jurídico de natureza eminentemente transindividual e indivisível. Para que tal questão seja devidamente compreendida, cabe abordar as espécies que compõem o gênero direitos ou interesses metaindividuais ou transindividuais.

Sabe-se que o legislador brasileiro definiu, no art. 81, parágrafo único, inciso I, do Código de Defesa do Consumidor, como direitos ou interesses difusos os "transindividuais, de natureza indivisível, de que sejam titulares pessoas indeterminadas e ligadas por circunstâncias de fato".

São definidos como interesses coletivos, a seu turno, pelo art. 81, parágrafo único, inciso II, do CDC, "os transindividuais, de natureza indivisível, tendo como titular grupo, categoria ou classes de pessoas ligadas entre si ou com a parte contrária por uma relação jurídica base".

Tem-se, ainda, como espécie do gênero direitos ou interesses metaindividuais, os interesses individuais homogêneos que, consoante dicção do art. 81, parágrafo único, inciso III, do CDC são aqueles "decorrentes de origem comum".

Nessa senda, lembra Julio Cesar de Sá da Rocha (1997, p. 32) que o meio ambiente do trabalho constituirá direito essencialmente difuso, "quando considerado como interesse de todos os trabalhadores em defesa de condições da salubridade do trabalho, ou seja, o equilíbrio do meio ambiente do trabalho e a plenitude da saúde do trabalhador".

No mesmo viés, entende Ronaldo Lima dos Santos (2003, p. 117) que o meio ambiente do trabalho "possui natureza eminentemente difusa". Esclarece o autor que:

> Mesmo que a lesão ao meio ambiente no campo das relações de trabalho acarrete apenas danos individuais, individuais homogêneos ou coletivos aos trabalhadores, tratar-se-á sempre de um direito difuso, ainda que residualmente, pois prevalece sempre o interesse da sociedade na preservação da vida humana e da saúde do grupo de trabalhadores; é um direito genericamente difuso mas que, concretamente, vai apresentar-se, quase sempre, como coletivo ou individual. Tal circunstância demonstra que o complexo de questões que envolvem o bem-estar do obreiro no local de trabalho deixa de ser um mero cipoal de normas protetivas para adquirir caráter de um microssistema referenciado a um interesse constitucionalmente tutelado. (SANTOS, 2003, p. 117)

Há de se ressaltar ainda que, mesmo nas hipóteses de tutela individual do meio ambiente do trabalho, ter-se-á dedução de pretensão metaindividual, pois os efeitos de tal tutela ultrapassam a esfera do autor da demanda, tendo em vista o objeto tutelado, isto é, o meio ambiente é um bem indivisível.

São dois, portanto, os objetos de tutela ambiental acolhidos pela Constituição da República quando da definição legal de meio ambiente: aquele imediato, referente à qualidade do meio ambiente em todos os aspectos possíveis, e o mediato, relativo à saúde, à segurança e ao bem-estar dos cidadãos, *in casu*, trabalhadores.

Por certo que o meio ambiente do trabalho se encontra intrinsecamente relacionado com a vida de toda a população. É nele que os cidadãos brasileiros participantes da população economicamente ativa passam grande parcela de suas vidas. Nesse passo, embora a Constituição de 1988 estabeleça como direito dos trabalhadores jornada ordinária não superior a 8 horas diárias e 44 semanais, o que se nota na realidade nacional contemporânea é a utilização da jornada de 8 horas diárias e 44 semanais como referência, não mais como limite, sendo recorrente a imposição patronal de jornada extraordinária de forma habitual.

Assim, nos parece que a interpretação do art. 5º, LXXIII, da Constituição Federal deve estar voltada à proteção da vida, da saúde, da segurança e do bem-estar do ser humano, o que recomenda a adoção do método ampliativo e em observância ao princípio da máxima efetividade das normas constitucionais.

Afinal, a lesão ao meio ambiente laboral que resulta em violação aos direitos fundamentais do trabalhador atinge toda a sociedade. Em caso de lesão a um bem ambiental, como, por exemplo, na hipótese de ocorrência de acidente de trabalho, onera-se a Seguridade Social, que é custeada pelo Estado e pela sociedade, com o pagamento de benefícios previdenciários.

Ademais, cumpre destacar as palavras de Raimundo Simão de Melo (2008, p. 76), referindo-se ao art. 5º, inciso LXXIII, da CF:

> [...] o legislador constituinte pretendeu ampliar a legitimação ativa para prevenção e tutela dos direitos e interesses metaindividuais (difusos, coletivos e individuais homogêneos), reconhecendo até ao cidadão individualmente a defesa da sociedade, explicitando a hipótese do meio ambiente, no qual, como é óbvio, está incluído o do trabalho.

O referido autor (2008, p. 76) reconhece, entretanto, que "esse instrumento não se tem mostrado eficazmente adequado pelas dificuldades de ordem técnica, política e financeira que podem desencorajar a sua utilização pelo cidadão".

No mesmo sentido, Manoel Jorge e Silva Neto (2001, p. 155-156):

> Há, em diversas passagens do texto constitucional, a marca da preocupação do constituinte originário no tocante à tutela do meio ambiente em geral, incluindo-se aí o do trabalho. O art. 5º, LXXIII, ao legitimar o cidadão para a propositura de ação popular, insere o meio ambiente dentre os direitos indisponíveis cuja tutela pode ser buscada mediante tal instrumento.

É certo que a preocupação com o meio ambiente não pode se restringir ao meio ambiente natural, mesmo porque a classificação do meio ambiente em espécies visa a fins didáticos, mas não ignora nem elimina a unidade do meio ambiente.

Quanto à legitimação passiva atinente à ação popular cujo fito seja a defesa do meio ambiente do trabalho, vale mencionar o art. 6º da Lei n. 4.717/65, *in verbis*:

A ação será proposta contra as pessoas públicas ou privadas e as entidades referidas no art. 1º, contra as autoridades, funcionários ou administradores que houverem autorizado, aprovado, ratificado ou praticado o ato impugnado, ou que, por omissas, tiverem dado oportunidade à lesão, e contra os beneficiários diretos do mesmo.

O art. 1º do mesmo diploma normativo, a seu turno, preceitua que:

Qualquer cidadão será parte legítima para pleitear a anulação ou a declaração de nulidade de atos lesivos ao patrimônio da União, do Distrito Federal, dos Estados, dos Municípios, de entidades autárquicas, de sociedades de economia mista (Constituição, art. 141, § 38), de sociedades mútuas de seguro nas quais a União represente os segurados ausentes, de empresas públicas, de serviços sociais autônomos, de instituições ou fundações para cuja criação ou custeio o tesouro público haja concorrido ou concorra com mais de cinquenta por cento do patrimônio ou da receita ânua, de empresas incorporadas ao patrimônio da União, do Distrito Federal, dos Estados e dos Municípios, e de quaisquer pessoas jurídicas ou entidades subvencionadas pelos cofres públicos.

Logo, nota-se que a ação popular poderá ser intentada tanto em face de pessoas públicas quanto de pessoas privadas que tiverem dado causa à lesão de forma comissiva ou omissiva.

Vislumbra-se, pois, o cabimento da ação popular com o intuito de tutelar o meio ambiente do trabalho, como decorrência da necessidade de se tutelar judicialmente direitos fundamentais à vida, à saúde, ao trabalho e à dignidade humana por meio de outro direito fundamental de acesso à justiça.

Conclusão

O acesso à justiça, considerado requisito fundamental para o atual sistema jurídico, configura, consoante a doutrina de Cappelletti (1988), o mais básico dos direitos humanos. Trata-se de tema de fundamental importância para a realização da justiça e adequação do âmbito jurídico às necessidades sociais.

Nesse sentido, a Constituição da República de 1988 estabeleceu o acesso à justiça como direito fundamental, em seu art. 5º, inciso XXXXV. Em seu bojo, a Constituição previu instrumentos que garantissem o acesso à Justiça de forma individual ou coletiva.

Assim, a ação popular, prevista no art. 5º, inciso LXXIII, da CR/88, é um importantíssimo remédio constitucional de acesso à Justiça, concebido para a tutela de direitos e interesses transindividuais, como o patrimônio público, a moralidade administrativa, o meio ambiente e o patrimônio histórico e cultural.

A Constituição Cidadã de 1988 é a primeira a se preocupar com a tutela do meio ambiente por meio da ação popular, o que constitui grande mérito desta Carta, e, muito embora o meio ambiente seja uno, reconhece-se, para fins didáticos, a sua classificação em meio ambiente natural, artificial, cultural e do trabalho.

A própria Constituição reconhece o meio ambiente do trabalho como espécie do meio ambiente, consoante nos demonstra seu art. 200, inciso VIII, e, em razão disso, buscou-se demonstrar na presente pesquisa, à luz da moderna concepção do direito fundamental de acesso à justiça e com arrimo nos métodos e instrumentos de interpretação constitucionais legítimos, a possibilidade de cabimento da ação popular na Justiça do Trabalho para tutela do meio ambiente do trabalho, o que implica a proteção de outros direitos fundamentais como o direito à vida, à saúde e ao trabalho digno.

Tal leitura do art. 5º, inciso LXXIII, da Constituição da República firma seus alicerces, principalmente, na concepção de efetivação de direitos humanos e de concretização da cidadania, fundamento constitucional da República Federativa do Brasil e elemento indissociável de todo Estado que se pretenda democrático.

Referências bibliográficas

ALMEIDA, Gregório Assagra de. *Direito processual coletivo brasileiro*: um novo ramo do direito processual (princípios, regras interpretativas e a problemática da sua interpretação e aplicação). São Paulo: Saraiva, 2003.

BARROSO, Luís Roberto. *Interpretação e aplicação da Constituição*: fundamentos de uma dogmática constitucional transformadora. 6. ed. rev., atual. e ampl. São Paulo: Saraiva, 2004.

BASTOS, Celso Ribeiro. *Hermenêutica e interpretação constitucional*. São Paulo: Celso Bastos Editor, 1997.

CANOTILHO, José Joaquim Gomes. *Direito constitucional*. 7. ed. Coimbra: Almedina, 2003.

CAPPELLETTI, Mauro; GARTH, Bryant. *Acesso à justiça*. Porto Alegre: Fabris, 1988.

FIORILLO, Celso Antonio Pacheco. *Curso de direito ambiental brasileiro*. 13 ed. rev., atual. e ampl. São Paulo: Saraiva, 2012.

FONSECA, Carlos Simões. *Sincretismo processual e acesso à Justiça*. São Paulo: LTr, 2009.

LEITE, Carlos Henrique Bezerra. *Direitos Humanos*. Rio de Janeiro: Lumen Juris, 2010.

MANCUSO, Rodolfo de Camargo. *Ação popular*: proteção do erário público, do patrimônio cultural e do meio ambiente. 5. ed. rev., atual. e ampl. São Paulo: RT, 2003.

MAZZILLI, Hugo Nigro. *A defesa dos interesses difusos em juízo*: meio ambiente, consumidor, patrimônio cultural, patrimônio público e outros interesses. 19. ed. rev., ampl. e atual. São Paulo: Saraiva, 2006.

MELO, Raimundo Simão de. *Direito ambiental do trabalho e a saúde do trabalhador*: responsabilidades legais, dano material, dano moral, dano estético, indenização pela perda de uma chance, prescrição. 3. ed. São Paulo: LTr, 2008.

NETO, Manoel Jorge e Silva. *Proteção constitucional dos interesses trabalhistas:* difusos, coletivos e individuais homogêneos. São Paulo: LTr, 2004.

ROCHA, Júlio Cesar de Sá da. *Direito ambiental e meio ambiente do trabalho:* dano, prevenção e proteção jurídica. São Paulo: LTr, 1997.

SANTOS, Ronaldo Lima dos. *Sindicatos e ações coletivas:* acesso à Justiça, jurisdição coletiva e tutela dos interesses difusos, coletivos e individuais homogêneos. São Paulo: LTr, 2003.

SOARES, Felipe Lopes. Cabimento de ação civil pública e ação popular na defesa da saúde e da segurança do trabalhador. *Revista dos Tribunais*, São Paulo, v. 918, ano 101, abr. 2012.

SILVA, José Afonso da. *Ação popular constitucional:* doutrina e processo. 2. ed. rev., ampl. e aum. Malheiros: São Paulo, 2007.

_____. *Curso de direito constitucional positivo*. 35. ed. rev. e atual. Malheiros: São Paulo, 2012.

WATANABE, Kazuo. Acesso à justiça e sociedade moderna. *In:* GRINOVER, Ada Pellegrini; DINAMARCO, Cândido Rangel; WATANABE, Kazuo (Coords.). *Participação e processo*. São Paulo, Revista dos Tribunais, 1988.

Produção Gráfica e Editoração Eletrônica: Peter Fritz Strotbek
Projeto de Capa: Fabio Giglio
Impressão: Cometa Gráfica e Editora

LOJA VIRTUAL
www.ltr.com.br

BIBLIOTECA DIGITAL
www.ltrdigital.com.br

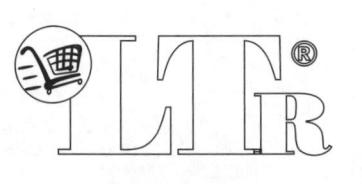

E-BOOKS
www.ltr.com.br